Abends, wenn es dunkel wird

Abends, wenn es dunkel wird

Martins- und Laternenlieder aus alter und neuer Zeit

mit Gitarrengriffen, Begleitmodellen für
Orff- und Melodie-Instrumente oder Tanzbeschreibungen

Herausgegeben und zusammengestellt
von Ilse Jung

Für meinen Mann Manfred und meine Kinder Annika und Melanie

1. Auflage 2002, ISBN 3-87645-101-9

Satz und Notensatz: Weserdruckerei Rolf Oesselmann, Stolzenau
Lektorat: Anne Simon, Wuppertal
Gesamtherstellung: Druckerei Siegel, Breklum

Inhalt

Vorwort

Liebe Leserinnen und Leser!
Am Martinsabend wurde ich geboren, und ich trage u.a. den Namen dieses Heiligen. So haben Sie sicher Verständnis dafür, dass ich dieses schöne Liederbuch, das uns den Heiligen Martin durch die vielen Lieder aus alter und neuer Zeit vorstellt, auch heute mit verehren möchte. Dankbar bin ich der Verfasserin, dass sie mit solch großer Umsicht Texte und Melodien zusammengestellt hat.

Dankbar erinnere ich mich an meine Kinderzeit, als wir in den Dreißiger Jahren, selbst noch in der Zeit der national-sozialistischen Herrschaft, mit allen Klassen unserer Volksschule erwartungsvoll am Martinszug teilnahmen. Wir wollten den Bischof auf dem Pferd sehen, wie er mit seinem Schwert den Mantel teilt, wenn er dann auch später an Stelle eines Bischofsgewandes zu einem Ritter degradiert wurde. Bis heute sind die Martinszüge in unseren Städten unterschiedlich geprägt. Mal ist es der Bischof, mal ist es der Ritter, der Vorbild guter Hilfe ist. Immer aber gehört wohl der Fackelzug dazu, der durch seine Lichter, ob im Kürbis oder in der selbstgebastelten Laterne, leuchtend seinen Weg begleitet. Kinder und Erwachsene singen zu seinen Ehren dann Lieder, die an seine gute Tat erinnern, als er dem armen Bettler in der Kälte die Hälfte seines großen Mantels gab.

Leider ist von dem schönen Liedgut vieles in Gefahr, verloren zu gehen. Da kennt man nur noch ein, zwei Lieder und wiederholt ein wenig traurig die erste Strophe, weil die anderen nicht mehr im Kopf, vor allem aber nicht mehr im Herzen sind. So begrüße ich dankbar dieses Buch, das uns allen wieder helfen soll, diesen großen Heiligen Martin von Tours in Erinnerung zu halten, damit nicht nur er, sondern sein gutes Werk unser Leben prägt.

Bernard Henrichs
Dompropst, Köln 1998

Wie dieses Buch entstand

Bis zu meinem neunzehnten Lebensjahr lebte ich in einer kleinen Siedlung am Rande von Duisburg. Dort fand in jedem Jahr ein Martinszug statt. Im Anschluss daran wurden die vielen selbstgebastelten Laternen prämiert und alle Kinder erhielten eine Martinstüte mit Süßigkeiten, Äpfeln und Nüssen. Danach gingen wir in kleinen Kindergruppen von Haus zu Haus und sangen unsere liebsten Martins – und Laternenlieder. Es war ein stimmungsvolles Erlebnis. Die Erinnerung daran wurde wieder wach, als ich nach vielen Jahren an meinem neuen Wohnort Duisburg – Baerl mit meinen eigenen Kindern an einem ebenso kleinen, wunderschönen Martinszug teilnahm. Wir sangen gemeinsam, freuten uns über das Martinsfeuer, verspeisten den Weckmann und wärmten die meist eiskalten Hände am warmen Kakaobecher.

Ich begann vor 10 Jahren, Martins – und Laternenlieder zu sammeln, um diese Erinnerungen zu bewahren und stieß dabei auf eine ungeahnte Anzahl von Liedern. Sie sind zum Teil ein Spaziergang zurück in die Geschichte und sicher nicht alle geeignet, um sie mit Kindern in heutiger Zeit zu singen. Viele sind in den letzten zehn Jahren neu entstanden und zeugen von der Lebendigkeit des Brauches, Martins – und Laternenlieder zu singen und dieses Fest zu feiern.

In den Gruppen, in denen ich mit Kindern musiziere, gibt es in der Martinsstunde bei Laternenlicht, Flöten- und Orff-Musik in jedem Jahr Bratäpfel mit Vanillesoße. Das ist urgemütlich und alle Kinder warten mit großer Vorfreude darauf. ‚Gibt es wieder Familiensoße?' (Kathrin, 5 Jahre)

Ich wünsche allen, die mit Kindern St. Martin feiern und allen, die gemeinsam singen und musizieren, viel Freude an diesem Buch, das dazu beitragen soll, eine Tradition zu bewahren.

Ilse Jung, 1998

Martin von Tours

Patron der Diözesen Rottenburg-Stuttgart und Mainz; des Burgenlandes; des Kantons Schwyz; der Soldaten, Kavalleristen und Reiter; der Pferde und Hufschmiede; der Waffenschmiede, Weber, Gerber, Schneider, Gürtelmacher, Handschuhmacher, Hutmacher, Ausrufer, Hoteliers, Müller, Bürstenbinder, Böttcher, Winzer, Hirten und Gastwirte; der Reisenden; der Armen und Bettler; der Gefangenen, der Abstinenzler; der Haustiere und Gänse; gegen Ausschlag, Schlangenbiss und Rotlauf; für das Gedeihen auf den Feldern[1] – all diese Zuständigkeiten werden dem Heiligen Martin von Tours zugeschrieben. In dieser ohnehin langen Aufzählung fehlen noch viele Patronate. So ist Martin auch Schutzpatron zahlreicher Städte und Ortschaften, ob sie nun seinen Namen tragen (z.B. ‚St. Martin', ‚Martinfeld' usw.) oder nicht (z.B. Erfurt/Thüringen). Auch viele Kirchen, Kapellen und Klöster sind nach ihm benannt.

Was muss das für ein Mann gewesen sein, der vor über 1600 Jahren starb und noch heute im Bewusstsein des Volkes lebt, was die zahlreichen Bräuche an seinem Festtag beweisen? Was hat er wohl an Großem vollbracht, dass in den Jahrhunderten bei so vielen Menschen an so vielen Orten sein Gedenken nie erloschen ist?

Die Lebensdaten des heiligen Martin können nur zum Teil eine Antwort darauf geben: Geboren wurde er um 316 in Sabaria in Pannonien (heute Szombatbely oder Steinamanger, Ungarn), also etwa 3 Jahre, nachdem Kaiser Konstantin im Mailänder Edikt dem Christentum im Römischen Reich Freiheit und Gleichstellung mit der heidnischen Staatsreligion garantiert hat. Der Vater Martins war römischer Offizier und beide Eltern verehrten die römischen Gottheiten, worauf schon der Name des Sohnes (Martinus = kleiner Mars – röm. Kriegsgott) hindeutet. Daher dürfte es ihnen nicht besonders gefallen haben, dass Martin sich zwölfjährig in die Reihe der Katechumenen (christliche Taufbewerber) aufnehmen ließ. Noch weitere sechs Jahre sollte es aber dauern, bis er die Taufe empfing.

Auf Drängen des Vaters wurde Martin mit 15 Jahren Soldat der gallischen Armee und nach entsprechendem Heeresdienst Offizier der Kavallerie in Amiens. Hier ereignete sich vor den Stadttoren im Jahr 334 das Geschehen, das jedes Kind vor Augen hat, wenn es mit einer leuchtenden Laterne am Martinsabend durch die Straßen zieht. Von dieser Legende aus dem Leben Martins wird noch zu reden sein. Jener Winterabend ließ den achtzehnjährigen Offizier der Gardereiterei handeln. Noch im selben Jahr wurde Martin in der Osternacht getauft.

Zwei Jahre später verließ er in der Nähe von Worms den kaiserlichen Dienst, um sich dem Dienst an Gott und den Menschen zu stellen. Er ging zunächst als Schüler zum Bischof von Poitiers, dem späteren heiligen Hilarius. Dort bekam er das nötige Rüstzeug, um mit unerschütterlichem Glauben die Lehre der Kirche zu verteidigen und den Menschen vorleben zu können, was das Evangelium Jesu Christi verkündet. Martin ging nach einigen Jahren in seine Heimat zurück und konnte dort seine Mutter zum Christentum bekehren. Weiteren Missionsbestrebungen waren jedoch Anhänger einer Irrlehre im Weg, die Arianer. Diese leugneten die Gottgleichheit Jesu Christi und fanden für diese Lehre fruchtbaren Boden im aufstrebenden Christentum, das sich seit seiner Zulassung im Römischen Reich rasch verbreitete. Dieser erste größere Missionsversuch Martins trug ihm selbst letztlich so manche Kränkung, ja sogar eine Bestrafung von seiten arianischer Bischöfe ein, die öffentliche Auspeitschung. Er zog sich nun auf die kleine Insel Gallinara im Golf von Genua zurück und verbrachte die folgenden Jahre dort als Einsiedler, ein Leben, das seinem Ideal der Einfachheit, des inständigen Gebetes, der Abgeschiedenheit und der Armut wohl am besten entsprach.

Ob es der Ruf des gerade aus der Verbannung durch Arianer zurückgekehrten Bischofs Hilarius oder sein eigener Entschluss war, der Martin zur Rückkehr nach Poitiers bewog, ist schwer auszumachen. Jedenfalls baute er außerhalb dieser Stadt eine Einsiedlerzelle, in der er künftig wohnen wollte. Diese wuchs durch den Zuzug vieler Schüler heran zum Kloster Ligugé. Martin hatte damit die gallisch-fränkische Mönchsbewegung des 4. Jahrhunderts begründet, die in den Jahrhunderten viele große Gestalten hervorbrachte und großen Einfluss nahm auf die kirchliche Entwicklung, auch in unserem Raum.

Im Jahre 371 wurde für das Bistum Tours ein neuer Bischof gesucht. In damaliger Zeit wurden die Bischöfe vom Volk und den benachbarten Bischöfen gewählt. Die Wahl in Tours fiel auf den bekannten und beim Volk beliebten Mönch Martin. Unter den Klerikern und Bischöfen allerdings herrschte darüber keine breite Einigkeit, da einige an seiner Lebensweise und seinem Auftreten als Asket Anstoß nahmen. Aber gegen die große Stimmenmehrheit vermochten die wenigen Kritiker nichts auszurichten. Die Legende von den Martinsgänsen erzählt sehr anschaulich, dass Martin versuchte, sich der Wahl zu widersetzen. So manche Begebenheit seiner Zeit als Bischof, so manche

Gewohnheit, die Martin in diesem Amt an den Tag legte, gibt Anlass dazu, zu behaupten, dass ein solcher Bischof auch nicht in das Bild einer Kirche passen konnte, die gerade im Begriff war, Staatskirche zu werden. So verzichtete er in Gottesdiensten auf den prächtigen Bischofsthron und setzte sich in ‚seiner' Kathedrale auf einen einfachen Hocker. Er blieb Asket und Einsiedler. Deshalb bezog er auch nicht das Bischofshaus, sondern lebte mit etwa 80 Mönchen in der Nähe der Stadt in Holzhütten. Daraus wurde später das bedeutende Kloster Marmoutier.

Martin leitete das Bistum als treusorgender Hirte, der beim Volk sehr beliebt war. Die Zeugnisse über seine Tätigkeit, die uns vor allem sein Zeitgenosse Sulpicius Severus überliefert hat, belegen, dass Martin in den fast 30 Jahren seines Bischofsamtes immer bemüht war, seinen Auftrag von Gott her zu erfüllen. Diesen Auftrag sah er vor allem in der Missionierung (besonders die Landbevölkerung war zu dieser Zeit noch dem Glauben an heidnische Gottheiten verfallen), in der Sorge um Arme und Kranke und in der Reinhaltung des Glaubens. Hohes Ansehen bei den weltlichen Herrschern galt ihm nichts. Wenn er zu diesen Verbindung aufnahm, so nur, um Unrecht zu verhindern oder Notleidenden zu helfen. Auch davon wissen mehrere Legenden zu berichten, die leider nicht alle hier erzählt werden können.

Am 8. November 397 stirbt Bischof Martin mit etwa 80 Jahren auf einer Seelsorgereise durch sein Bistum in Candes. Am 11. November wurde er beigesetzt. Vielleicht war dies der erste große 'Martinszug', der ihn in Tours zur Ruhestätte geleitete, denn von ca. 2000 Mönchen wird gesprochen, dazu eine große Menge an Ordensfrauen und an gläubigem Volk. Kurze Zeit nach seinem Tod wurde er schon als erster Heiliger verehrt, der nicht das Martyrium (die Hinrichtung wegen des Glaubens) erlitten hat. Er starb zwar eines natürlichen Todes, aber dennoch gab er sein Leben hin für seinen Herrn und Meister Jesus Christus. Denn in seinen Mitmenschen, mit denen er alles teilte, sah er ihn allein, wie es der Traum Martins nach der Mantelteilung deutlich macht.

Es gibt auch zahlreiche Wunderberichte über den heiligen Bischof von Tours, ‚denen man wohl auch in unserer Zeit nicht alle Glaubwürdigkeit absprechen darf.'[2] Diese und die vielen anderen Legenden aus dem Leben Martins sind ein bis heute eindrucksvolles Zeugnis dafür, wer dieser Mann war, dem sich so viele Gruppen von Menschen als ihrem Schutzpatron anvertrauen. Alle diese Geschichten sagen auch uns, dass es nicht sinnlos ist, in dieser Welt das Gute zu tun, sondern dass das Gute allein Bestand hat, weil es aufgehoben wird von dem Guten, der uns erschaffen und erlöst hat und der noch heute in der Kirche wirkt. Wer wie ein Kind bereit ist, diese Botschaft anzunehmen, wie ein Kind, das mit leuchtenden Augen am Martinsfeuer steht, um zum 3.,4.,5.,... .Male den teilenden Offizier auf dem Pferd zu sehen, der darf einstimmen in die vielen Lieder, welche die Frohe Botschaft in unsere Welt tragen.

Legenden aus dem Leben des heiligen Martin von Tours

Die Wesenszüge des heiligen Martin werden besonders deutlich in den Legenden, die schon kurz nach seinem Tod weitergesagt wurden. Viele dieser Legenden sind auch der Grund dafür, dass Martin als Schutzpatron vieler Gruppen von Menschen und gegen verschiedene Krankheiten angerufen wird. Die zwei bekanntesten seien hier noch einmal erzählt.

1. Der Bettler am Stadttor von Amiens

Eine Gruppe Soldaten ritt durch eine kalte Winternacht. Das Pferd des jungen Offiziers Martin scheut am Stadttor zurück und weicht einem kaum wahrnehmbaren Hindernis aus. Es ist ein frierender Bettler. Seine nur spärliche Kleidung ist zerrissen und er zittert am ganzen Leibe. Der Bettler fleht den Reiter an, er möge ihm doch Almosen geben, sonst werde er wohl diese Nacht nicht überleben. Martin überlegt nur kurz: Seine Taschen sind leer, das Geld verschenkt oder verspielt. Die anderen Soldaten drängen schon zum Weiterreiten.

Da plötzlich sehen sie etwas Merkwürdiges. Martin zieht das Schwert. Warum will er den wehrlosen Bettler mit dem Schwert bedrohen oder gar .... Aber nein, Martin löst mit der linken Hand die Mantelschnalle, hält den Mantel halb in die Höhe und teilt mit kräftigem Schwung den Offiziersmantel in zwei Teile. Den einen gibt er dem Bettler, der erstaunt hinterher schaut, wie dieser seltsame Soldat davonreitet. Nicht einmal ein Dankeswort konnte er sagen, so schnell ging alles.

Einige der Begleiter Martins grinsen, manche müssen sogar lachen: Ein römischer Offizier mit nur einem halben Mantel – hat man so etwas schon gesehen? Martin ist das egal. Er musste so handeln, sonst wäre der Fremde erfroren.

In der folgenden Nacht hatte Martin einen seltsamen Traum: Er sah Jesus, umgeben von einer leuchtenden Schar Engel. Über seinen Schultern trug er den halben Mantel des Bettlers vom Stadttor. Den Engeln zugewandt sagte der Herr schließ-

lich: ‚DerTaufbewerber Martin hat mich mit diesem Gewand bekleidet!' Da begriff Martin, was es bedeutet, dass Jesus zu seinen Jüngern gesagt hat: ‚Was ihr dem Geringsten meiner Brüder getan habt, das habt ihr mir getan!' Noch im gleichen Jahr ließ Martin sich taufen und wollte fortan nur noch dem einen Herrn dienen.

(Manchmal wird gefragt, warum Martin nur die Hälfte des Mantels gegeben hat. Kluge Leute wissen da zu berichten, dass einem römischen Soldaten nur die Hälfte seines Mantels gehörte, die er bezahlen musste. Die andere Hälfte gehörte dem Heer und damit dem Kaiser. Diese Hälfte konnte Martin nicht verschenken, sondern er musste sie zurückgeben.)

2. Die Wahl zum Bischof von Tours

Martin lebte als Mönch in einer Einsiedelei in der Nähe von Poitiers. Er hatte schon einige Anhänger, die mit ihm in vollkommener Armut lebten, beteten und arbeiteten. Sein Ruf verbreitete sich schnell und man wusste, dass er schon vielen geholfen hatte, die mit ihren Nöten zu ihm kamen. Manche behaupteten sogar, er könne im Namen Jesu Wunder wirken.

Als nun der Bischof von Tours verstorben war, suchte man einen Nachfolger. Das Volk und die meisten Priester und Bischöfe brauchten nicht lange zu überlegen, bis sie sich auf den Mönch Martin einigten. Einer seiner Brüder eilte zum bescheidenen Kloster und rief schon von weitem: ‚Martin, komm schnell, du wirst Bischof von Tours!' Alle, die es hörten, brachen in helle Freude aus, nur der Erwählte nicht. Er nützte das Getümmel und wollte fliehen, bevor noch mehr Leute kamen, die ihn wirklich zum Bischof machen würden.

Bischof, nein, das kam für ihn nicht in Frage. Er lief weit weg, bis er schließlich nicht mehr konnte. Um nicht entdeckt zu werden, versteckte er sich auf einem fremden Grundstück in einem Stall. Die Tiere waren tagsüber draußen, da konnte nichts passieren. Martin schaute ab und zu durch einen Spalt ins Freie. Da zogen sie schon vorbei und riefen nach einem ‚Bischof Martin'. Er saß drinnen und machte sich schon Gedanken, wie lange er wohl in diesem Versteck bleiben müsste. Da hörte er die Stimme eines Jungen: ‚Kommt schön hinein in euren Stall und gebt Ruhe für diese Nacht.' Es waren Gänse, die der Junge in den Stall trieb. Ob das wohl gutgehen würde? Zuerst, als Martin sich ruhig verhielt, waren die Gänse nur misstrauisch, denn irgend etwas stimmte nicht. Als sich nach einiger Zeit der Eindringling aber einmal bewegen musste, ging das große Geschnatter los. Martin versuchte, durch Zischen die Tiere zu beruhigen, aber vergeblich. Der Bauer kam sofort gelaufen und trieb den vermeintlichen Dieb aus dem Stall. Da kam auch schon mit Fackeln die Menge, die den neuen Bischof bis in die Dunkelheit der Nacht suchen wollte. Martin wurde sofort erkannt.

Nach langen Gesprächen willigte der spätere heilige Mann schließlich ein, Bischof von Tours zu werden. Er tat es aber nur unter der Bedingung, sein einfaches Einsiedlerleben weiterführen zu können.

(Manchmal sagt man scherzhaft, diese Vorfahren unserer heutigen Gänse sind Schuld daran, dass ihre Nachfahren scharenweise zum Martinsfest ihr Leben lassen müssen. Daran ist aber auch der Brauch Schuld, vor Beginn der alten Adventszeit, der früher sechs Wochen vor Weihnachten war, noch einmal ordentlich fette und gute Speisen zu sich zu nehmen.)

P. Martin Carsten Kämpf O.Praem.
Abtei Duisburg-Hamborn

1. Vera Schauber, Hanns Michael Schindler, Heilige und Namenspatrone, Pattloch Verlag 1992
2. Bernhard Kilian in: Heilige des Regionalkalenders II, S. 461, St.-Benno-Verlag Leipzig 1980

Das Brauchtum des Martinstages

Um den Martinstag am 11. November haben sich im Laufe der Jahrhunderte viele Bräuche gebildet, die regional unterschiedlich sind Sie orientieren sich teilweise an Martinslegenden oder sind aus dem bäuerlichen Jahreskreis erwachsen. Der Tag, auch „Martini" genannt, galt als Abschluss der Feldarbeiten und in den Alpen begann der Viehabtrieb. Dem Heiligen, der auch als Schützer der Hirten und Tiere gilt, wurde bei dieser Gelegenheit eine Gerte geweiht. Mit der sogenannten Martinsgerte einem Birken- oder Wacholderzweig, trieb der Hirte im folgenden Frühjahr das Vieh wieder auf die Weide. Man hoffte, durch diesen Ritus die Tiere zu schützen und reichlich Nachwuchs zu bekommen.[3] Auch zogen in der Martinsnacht Knechte, Handwerksburschen und andere Jugendliche verkleidet durch den Ort, um Geschenke und Geld zu erbetteln, sie als „Ablöse" gegen Drohgebärden mit der Martinsgerte (Rute) zu erzwingen, oder sie als Gegengeschenk für ein paar Nüsse und Äpfel zu tauschen.[4]

Der „Heischebrauch" ist heute noch als Kinderbrauch verbreitet. Die Kinder erhalten beim Singen an den Türen neben Süßigkeiten, Äpfeln und Nüssen oft auch einen Weckmann (Weggemann/Stutenkerl). Dies ist ein Backwerk in Form eines Männchens mit Rosinenaugen und einer kleinen Tonpfeife. Früher gab es am Martinstag Martinsbrezen und Martinshörner, eine Nachbildung des Hufeisens vom Pferd des Heiligen Martin. Daneben kennt man besonders im Ansbachischen die Martinswecken, auch Martinsspitz oder Martinsgeigen genannt, die in Scheiben geschnitten wiederum als Martinsschnitten bekannt sind. Besondere Bedeutung haben Martinsbrote an Orten, die den Heiligen als Patron verehren.[5]

In Franken entwickelte sich aus dem Heischebrauch die Gestalt des „Pelzmärtel", der etwa die gleiche Funktion und Bedeutung hat wie der Nikolaus andernorts. Am Abend des 11. November kommt er, in einen roten Mantel mit pelzbesetzter Kapuze gehüllt, zu den Kindern ins Haus, um sie mit der Rute (Martinsgerte) in der Hand zu befragen und schließlich mit Äpfeln und Nüssen zu beschenken. So teilt der „Pelzmärtel", dem namensverwandten Martin gleich, milde Gaben aus.

Am Vorabend zu Martini wurde kräftig geschmaust und ins Weinglas geschaut und eine knusprig gebratene Martinsgans stand auf dem Tisch. Sie symbolisiert eine Zinsabgabe, die die Bauern am Martinstag, dem wichtigsten Zinstag des Jahres, an den Adel oder die Klöster abzugeben hatten. Auch werden die Gänse mit dem Heiligen Martin in Verbindung gebracht (Legende). Pfarrer und Lehrer erhielten eine „Extrawurst" (Martinswurst).[1]

Der bekannteste Brauch ist der Martinszug. In Bremen und umliegenden Ortschaften gibt es seit Mitte des 19. Jahrhunderts Laternenumzüge mit selbstgemachten Laternen aus Papier oder Gurken. Es wird von Verboten berichtet, da um 1860 das Betteln der Kinder überhand nahm.[4] Schon 1867 wird von organisierten Zügen in Dülken, 1890 dann aus Düsseldorf berichtet.[5] Das herbstliche Laternegehen verbreitete sich seit der Jahrhundertwende immer mehr von Norden nach Süden. Oft wurden in ländlichen Gegenden ausgehöhlte Kürbisse mit ausgeschnittenen Gesichtern und einer Kerze im Innern als Laterne hergestellt. Die Geschichte des Brauches, mit Laternen umherzuziehen, führt von mittelalterlichen Gesellschaftsliedern, Martinsliedern der Kinder seit 1450 und Umzugsliedern seit 1850 bis heute.

In Katholischen Gemeinden steht oft der Umzug mit dem vorwegreitenden St. Martin im Mittelpunkt. In einigen Orten wird nachgespielt, wie Martin seinen Mantel mit dem Bettler teilt. Die Umzüge werden von Musikkapellen begleitet und die Kinder singen Martins- und Laternenlieder. Bis nach dem 2. Weltkrieg wurden in evangelischen Gemeinden selten Martinszüge durchgeführt. Eher haben sich dort gerade die Laternenbräuche stark entwickelt, aber auch Martinszüge, die hier oftmals dem Namenstag des Martin Luther gelten. Besonders in seinem Geburtsland Thüringen fanden und finden sie eine ausgeprägte Form: So treffen sich in Erfurt am 10. November die Kinder mit ihren Laternen auf dem Domplatz und von den Domstufen aus erklingt Musik. Bei den Laternenbräuchen sind immer Kinder die Hauptpersonen und zu dieser Kinderkultur gehören auch die Lieder.[4]

Auch in der belgischen Eifel werden Martinsbräuche gepflegt. Die Gemeinde St.Vith in Ostbelgien führte zum ersten Mal 1928 einen Martinszug durch. Nach dem 2. Weltkrieg wurde 1961 das Brauchtum neu belebt. Eine Besonderheit ist dabei: Ein „Gänsekönigspaar", das aus bestimmten Schuljahrgängen per Los ermittelt wird, fährt in einer Kutsche im Zug mit. Nach der Kinderbescherung erhält es je eine Gans. Weitere belgische Orte (Malmedy, Kelmis, Eupen) folgten erst in den 1970er und 1980er Jahren und führen bis heute Martinszüge durch.[5]

Literaturangaben

1. *Altes Brauchtum,* gesammelt von Marianne Bernhard, S. 178/179, Heyne-Verlag, München 1985
2. *Advent und Weihnachten,* Marga Bechstein, Barbara Regitz, Brigitte Widder, S. 33, R. Oldenbourg-Verlag, München 1990
3. Zeitschrift Bäckerblume, November 1997, Hilden
4. *Das Buch der Kinderlieder,* Ingeborg Weber-Kellermann, S. 165 u. 167, Schott-Verlag, Mainz 1997
5. *Leben und Feiern auf dem Lande – Die Bräuche der belgischen Eifel* Band 1, 1993, Carlo Lejeune, S. 214-218, Aktuell Verlagsgesellschaft AG, Malmedyer Str. 22 B 4780 St. Vith

Teil 1 Martinslieder

Aus dem Rheinland **1**

Im Schnee saß, im Schnee saß,
im Schnee, da saß ein armer Mann,
hat Kleider nicht, hat Lumpen an.
‚O helft mir doch in meiner Not,
sonst ist der bitt're Frost mein Tod!'

Sankt Martin, Sankt Martin,
Sankt Martin zieht die Zügel an,
sein Ross steht still beim armen Mann.
Sankt Martin mit dem Schwerte teilt
den warmen Mantel unverweilt.

Sankt Martin, Sankt Martin,
Sankt Martin gibt den Halben still,
der Bettler rasch ihm danken will.
Sankt Martin aber ritt in Eil'
hinweg mit seinem Mantelteil.

Dazu Flöte

Richard Rudolf Klein

2

Text: Vom Niederrhein
Musik: Albert Methfessel 1785-1869

2. Sankt Martin reitet dann sein Pferd,
so schnell die Wolken eilen,
in seiner Rechten blitzt das Schwert,
die Nebel zu zerteilen.

3. Das Schwert, womit als Kriegersmann
den Mantel er zerschnitten,
den er geschenkt dem armen Mann
und weiter ist geritten.

4. Wenn anderwärts auf Bergeshöh'n
die Martinsfeuer flammen,
dann zieh'n wir heim in Reihen schön,
in Reihen bunt zusammen.

5. Und wenn das Lämpchen ausgebrannt,
dann winkt uns reiche Gabe,
wir zieh'n dann mit gefüllter Hand
und freu'n uns an der Labe.

6. Und aus dem Mund der Kinderschar
erschallen Dankeslieder:
Sankt. Martin, komm im nächsten Jahr
zu uns nach Rheinberg wieder!

3 *Nach der Melodie: Der Herbststurm ...*

1. Sankt Martin durch die Straßen zieht
als Reitersmann zu Pferde,
und viele Kinder ziehen mit,
das hell der Abend werde.

2. Sankt Martin heut gekommen ist,
zu schau'n in unsere Herzen,
ob drinnen eine Liebe ist,
so hell wie viele Kerzen.

3. Sankt Martin, bei dem Feuerschein,
beim Lichte der Laternen,
klingt unser Danklied hell und rein
bis zu des Himmels Sternen.

Text-Verfasser unbekannt

Text und Musik: Lieselotte Holzmeister **4**

2. Es dunkelt früh der Abend schon. Der November ist im Land.
Wir feiern, was Sankt Martin tat, mit Lichtern in der Hand.
Wir denken an den armen Mann, den Martin einst bedeckte
mit seinem halben Mantelteil, als Not ihn tief erschreckte.
Refain

3. Zu Martin sprach der Herr im Traum: ‚Sieh, ich trag' dein Mantelteil,
was du dem Ärmsten hast getan, das wurde mir zuteil.'
Und Martin folgte Jesus nach, seit Er ihm war erschienen.
Sankt Martin wollt' dem Nächsten nun als seinem Bruder dienen.
Refrain

4. Vom Heil'gen Martin singen wir, weil er half mit Mut und schnell.
Laternen tragen wir für ihn, seine Güte strahlte hell.
Er sah die Menschen neben sich. Auch wir woll'n um uns schauen.
Vom Heil'gen Martin lernen wir, einander zu vertrauen.
Refrain

Zum Lied: Es kam ein Zug vom Niederrhein

Satz: Barbara Regitz

Vor-, Zwischen- und Nachspiel

5

Text: Rosemarie Lange-Schlienkamp
Musik: Ilse Jung

2. Sankt Martin, allen wohlbekannt
nun durch die Straßen reitet,
und mit Musik und Lampions
von Kindern wird begleitet.

3. Er seinen warmen Mantel teilt
'Seht Kinder, habt Erbarmen.'
Ein süßer Weckmann ist der Lohn
für alle, die heut kamen.

4. Im Anschluss dann von Haus zu Haus
von Kindern wird gesungen,
bis dass die Tüten prall und voll,
hat's oft auch falsch geklungen.

5. Da macht Erinnerung sich breit,
oh schöne Kinderzeit!
Darum mein Rat, ihr lieben Leut.
Legt Süßes schon bereit!

Text-Verfasser unbekannt **6**
Melodie: Ilse Jung

2. Der Bettler sitzt am Wegesrand,
streckt seine kalte, rote Hand.
Sankt Martin, Reitersmann.
Halt an und reite nicht vorbei,
den warmen Mantel teil entzwei.
Sankt Martin, reit voran!

3. Die Nacht ist lang, die Nacht ist kalt,
es hat der Frost ein groß Gewalt.
Sankt Martin, Reitersmann.
Wir aber trotzen der Gefahr
und zählen gern zu deiner Schar.
Sankt Martin, reit voran!

Du läßt St. Martin einfach durch die Straßen reiten, **7**
dann mußt du mit Laternen hinterher schreiten,
und ist man dann am Ziel, gibt es einen Weckmann.
Den man sogar essen kann!

Dennoch darfst du leider nicht zu schnell rennen!
Soll denn deine Laterne verbrennen?
Aber vorher mußt du sie erst bauen,
bitte nicht von and'ren klauen!

Refrain:
Laternen, so bunt und schön,
kann man jedes Jahr wiedersehen,
und nun am Schluß, sieht man sich das Feuer an.
Sollst mal sehen was das brennen kann!

Text: Hendrik Mertens
Musik: Mike Krüger
(Du mußt doch nur den Nippel durch die Lasche ziehn)
Erfunden mit 8 Jahren, mit dem Computer zu Papier
gebracht mit 10 Jahren, St. Martin 1991

8

Aus Gotschee

2. Er reitet dahin durchs weite Land,
der heilige Sankt Martine.

3. Am Wege sitzt ein alter Mann:
‚So gebt mir was, in Gottes Nam'!'

4. Er schneidet den Mantel mitten entzwei,
der heilige Sankt Martine.

5. ‚Nimm hin, nimm hin, du alter Mann!'
So saget der Sankt Martine.

6. ‚Ich bin ja nicht ein alter Mann,
du heiliger Sankt Martine.'

7. ‚Ich bin zur Stund' der liebe Gott,
du heiliger Sankt Martine.'

9

Text: Alter Spruch
Musik: Carl Orff / Gunhild Keetmann

10

Text: Rolf Krenzer
Musik: Siegfried Fietz

2. Und Martin sah des Bettlers Not.
Er zügelte sein Pferd.
Dann zog er seinen Mantel aus
und teilt' ihn mit dem Schwert.

3. So wärmt ein Stück des Mantels dann
im Schnee den armen Mann.
Und Martin zog das and're Teil
sich selber wieder an.

4. Da wollte Martin nimmermehr
bei den Soldaten sein.
Drum gab er auch sein Schwert zurück
und diente Gott allein.

5. Wer so wie Martin teilt und schenkt,
der wird von Gott geliebt.
Weil er von allem, was er hat,
die Hälfte weitergibt.

Refrain:
Hört's euch an! Seht's euch an!
Und fangt selber damit an!

11

Text und Musik: Erhard Marek

2. Sankt Martin, Sankt Martin,
den Mantel selbst du teiltest.
Sankt Martin, Sankt Martin,
dass du von Kälte heiltest,
in der ein armer Bettler stand,
als grad der Winter zog durchs Land,
Sankt Martin!

3. Sankt Martin, Sankt Martin,
Laternen sollen's künden,
Sankt Martin, Sankt Martin,
dass wir dein Licht entzünden,
dein Licht, in dem die Liebe brennt,
die freudig sich zu Gott bekennt,
Sankt Martin!

12

Text: Rolf Krenzer
Musik: Ludger Edelkötter

2. Martin, Martin, guter Mann, reite unserm Zug voran!
In die dunkle Nacht hinein
leuchtet der Laternenschein,
dass ihn jeder sehen kann,
Martin, Martin, guter Mann.

3. Martin, Martin, guter Mann, reite unserm Zug voran!
Hilf, dass der, der reich und satt,
mit dem teilt, der gar nichts hat,
so wie du es einst getan,
Martin, Martin, guter Mann.

13

Text: Heribert Teggers
Musik: Adolf Lohmann

2. Sankt Martin führt die Rotte an,
ein großer, starker Reitersmann auf seinem stolzen Schimmel.
Ein Mantel hüllt ihn schützend ein
und Raben krächzend um ihn schrein, es schneit aus hohem Himmel.

3. Der Bettler streckt die Hand empor
und bittet willig um ein Ohr, erhebt sich von der Erde.
Sankt Martin hält die Rosse an,
und vor dem armen Bettelmann stehn Reiter still und Pferde.

4. Und mittendurch im Augenblick
teilt er den Mantel in zwei Stück – tät sich nicht lang besinnen –
und reicht die eine Hälfte dann
dem überraschten Bettelmann und wendet sich von hinnen.

5. Die Reiterknechte, rauh und grob
sind still und ganz erstaunt darob und hören auf zu scherzen.
Sankt Martin reitet schweigend fort,
der Bettler ruft ein Dankeswort aus überfrohem Herzen.

6. Sankt Martin, edler Reitersmann,
rühr du auch uns're Herzen an, damit sie froh sich weiten,
dass mit dem Nächsten in der Not
wir gerne teilen unser Brot, so jetzt und alle Zeiten.

Lucia
lalala
llaa
lalulll
lalala

14

Text: Jakob Holl
Musik: Adolf Lohmann

2. Da dankte still der arme Mann
und sah ihn voller Freude an.
Sankt Martin zog des Weges fort
und bald erfuhr er Gottes Wort.

3. Geschrieben steht: ‚Seid allen gut,
denn was ihr dem Geringsten tut,
das habt ihr mir, dem Herrn geschenkt!'
Wohl dem, der wie Sankt Martin denkt.

15

Text: Thomas Laubach
Musik: Thomas Quast

2. Du, lieber Martin, hilf
dass wir auch heute handeln
und diese Welt verwandeln
||: wie du in dieser Zeit :||

3. Du, lieber Martin, komm,
es gibt so viel zu tun,
da dürfen wir nicht ruhen,
||: wir helfen so wie du :||

4. Du, lieber Martin, nimm
uns jetzt an beiden Händen,
dass wir das Elend wenden
||: bei uns und nebenan :||

5. Du, lieber Martin, komm,
dass wir das Teilen wagen
und allen damit sagen:
||: Gott hat die Menschen lieb :||

Text: Rolf Krenzer
Musik: Peter Janssens

16

2. Ihm ist so kalt. Er friert so sehr.
Wo kriegt er etwas Warmes her?
ǁ: Er hört kein gutes Wort
und jeder schickt ihn fort :ǁ

3. Der Hunger tut dem Mann so weh
und müde stapft er durch den Schnee.
ǁ: Er hört kein gutes Wort
und jeder schickt ihn fort :ǁ

4. Da kommt daher ein Reitersmann,
der hält sogleich sein Pferd hier an.
ǁ: Er sieht den Mann im Schnee
und fragt: ‚Was tut dir weh?':ǁ

5. Er teilt den Mantel und das Brot
und hilft dem Mann in seiner Not,
ǁ: so gut er helfen kann.
Sankt Martin heißt der Mann :ǁ

6. Zum Martinstag steckt jedermann
leuchtende Laternen an.
ǁ: Vergiss den Andern nicht,
drum brennt das kleine Licht :ǁ

17

Text: Nach Köln 1852 und 1880
Musik: Albert Gereon Stein
nach dem Volksmund, Köln 1852

2. Als Bischof hatt' Erbarmen er mit des Volkes Not.
Sein Gut gab er den Armen, den Hungrigen sein Brot.
Viel Heiden er bekehrte zum wahren Christentum;
die Götzen er zerstörte, baut' Gottes Heiligtum.
Kyrie eleison!

3. Martinus, reich an Gnaden, sei unser Schutzpatron!
Leit' uns auf rechten Pfaden hinauf zu Gottes Thron!
Lass stark uns sein und milde, wie du in Wort und Tat,
und birg uns unterm Schilde, wenn unser Sterben naht.
Kyrie eleison!

18

Aus Thüringen

2. Martin, Martin, Martin ritt durch dunklen Wald,
Wind, der wehte bitterkalt.
Saß am Weg ein Bettler alt,
wäre gar erfroren bald.

3. Martin, Martin, Martin hält und unverweilt
seinen Mantel mit ihm teilt.
Ohne Dank er weitereilt.
Bettlers Not war nun geheilt.

4. Martin, Martin, Martin ist ein frommer Mann,
stimmt ihm frohe Lieder an,
dass er oben hören kann,
was er unten hat getan.

Ostinato

Satz: R.R.Klein

Glockenspiel

Xylophon

19

Text: Rolf Krenzer
Musik: Martin Göth

2. Jammernd schreit der Mann:
‚Herr, ich kann nicht mehr!
||: Mich bringt die Eiseskälte um!
Erbarmen! Guter Herr!‘ :||

3. Martin blickt den Mann
voller Mitleid an.
||: Und teilt den Mantel mit dem Schwert
und schenkt ein Stück dem Mann. :||

4. Legt sich einen Teil
um die Schultern dann.
||: Und mit der zweiten Hälfte
wärmt sich jetzt der fremde Mann :||

5. Mitten in der Nacht
reckt sich der Soldat,
||: weil Jesus Christus selber ihn
heut wachgerüttelt hat :||

6. ‚Jener arme Mann',
sagt er, ‚das war ich!
||: Was du dem Armen hast getan,
das tatest du für mich!' :||

7. Martin, der Soldat,
lag noch lange wach.
||: Und er verließ dann bald das Heer
und folgte Jesus nach. :||

8. Zündet darum heut
die Laternen an.
||: Und teilt mit andern, wie es einst
Sankt Martin hat getan! :||

20

Text: Barbara Cratzius
Musik: Herbert Ring

2. Martin, du sollst Bischof sein, zieh in uns're Kirche ein!

3. Jeder liebt dich hier im Land, segne uns mit guter Hand!

21 Ritter Martin

Text: Josef Guggenmos
Musik: Ingo Bredenbach

1. Es war im tiefen Winter, die Winde bliesen kalt,
da ritt dahin ein Ritter, erst fünfzehn Jahre alt.

2. Die Winterstürme treiben im Land ein böses Spiel.
Der Ritter Martin reitet, ihn kümmern sie nicht viel.

3. Ein schöner weiter Mantel umhüllt ihn weich und warm.
Da steht am Weg ein Bettler und friert, dass Gott erbarm.

4. Es wär vorbeigeritten gar mancher and're Mann,
doch Martin zog am Zügel, sein treues Pferd hielt an.

5. Der junge Ritter Martin auf seinem hohen Pferd
sieht auf den Bettler nieder. Er zieht sein gutes Schwert.

6. Das für den Kampf geschärfte tut einen guten Schnitt.
Mit seinem Schwert teilt Martin den Mantel in der Mitt'!

7. Die Hälfte seines Mantels gab Ritter Martin gern
dem, der vor Kälte bebte. Er gab sie Gott, dem Herrn.

22

Text: Rolf Krenzer
Musik: Detlev Jöcker

2. Wir zieh'n mit der Laterne
Sankt Martin hinterdrein.
Und jeder möcht' so gerne
so wie Sankt Martin sein,
so gerne, so gerne,
so wie Sankt Martin sein.

3. Einst traf er einen Armen,
der lag im tiefen Schnee
und rief: ‚Habt doch Erbarmen!
Ich friere, das tut weh!
Ich friere, ich friere,
ich friere, das tut weh!'

4. ‚Ich habe keine Kleider',
so jammerte der Mann.
‚Ach, reite doch nicht weiter!'
Da hielt Sankt Martin an.
Nicht weiter, nicht weiter!
Da hielt Sankt Martin an.

5. Den Mantel, seinen warmen,
den schneidet er entzwei
und teilt ihn mit dem Armen
und findet nichts dabei,
dem Armen, dem Armen,
und findet nichts dabei.

6. Er hat ihn lieb von Herzen
und hilft, so gut er kann.
Drum zünden wir die Kerzen
in den Laternen an,
die Kerzen, die Kerzen,
in den Laternen an.

7. Wir zieh'n mit der Laterne
Sankt Martin hinterdrein.
Und jeder möcht' so gerne
so wie Sankt Martin sein,
so gerne, so gerne,
so wie Sankt Martin sein.

23

Text: Rolf Krenzer
Musik: Paul G. Walter

2. Sankt Martin, dein Mantel
ist dick und warm.
Du teilst ihn mit dem Bettler,
denn er ist doch so arm.

3. Gäb' jeder wie Martin
so leicht was her,
dann gäb' es auf der Erde
bald keine Armut mehr.

4. Wir ziehn hinter Martin
im langen Zug.
Sankt Martin, lehr uns teilen!
Wir haben doch genug.

5. Es sagt die Laterne
mit ihrem Licht:
Vergesst wie einst Sankt Martin
den andern Menschen nicht.

6. Sankt Martin, Sankt Martin,
du guter Mann,
drum reite, darum reite
heut unserm Zug voran!

Text: Wilhelm Hossdorf
Musik: Hans Winkel

24

2. Et räänt un schneit vum Himmel.
Om Stein'ne Bettler soß.
Zint Määte rett om Schimmel
aläät durch Gass un Stroß.
Dann hehlt he an beim Rigge,
he sooch dä stelle Bleck!
Dät singe Rock zerschnigge
un goov dem Mann e Stöck.
Sag, Zint Määte...

3. Zint Määte, mer dich lovve!
Mer han dich gar ze gään!
Sag, süß do och van bovve
erav op ming Latän?
Ich mein, se wör gelunge!
Ich han se in der Stuff
selvs met zwei Noberschjunge
geknesbelt un geknuuv!
Sag, Zint Määte...

25

Aus Köln

2. Lauter grön on gäl on rot, allerhand Figure,
Männekes on Mon on Sonn, Hus on Kerk on Tore.
Männekes on Mon on Sonn, Hus on Kerk on Tore.

3. Vüre ritt de heilge Mann op dat witte Pädsche,
mit de Fackel, mit de Lamp danzt och oser Herzsche.
Mit de Fackel, mit de Lamp danzt och oser Herzsche.

26

Aus dem Rheinland

2. Dä hellje Zinte Mäetes,
dä kütt och hück zu us,
dröm go'mer met de Fackele,
et feut sich Kleen un Gruus.
Butz, butz, widdebutz,
butz, butz, widdebutz;
dä küt och hück zu us.

Sänte Märten

Heischegesang zu Sankt Martin in Grafschafter Platt

27

Senter Märtes – Rüwelöch *(Orsoyer Platt)*

Dumols – deje de Blaage sech – wenn et op Senter Märtes aanging, sälws ör Fakele maake. Me muss du op de Gröschkes kieke on de Pennege, die Vaader inne Mont nor Hüss brach, wore so knapp bemäte, dat de Elders domät ma grad so äwes teräck koome. Dor fiel för de Blaage nit vööl van af. So soot et ok nit draan, sech en Fakkel te koope. Vanne Buure wurd sech en groote Ronkelrüw (Runkelrübe) besörg on dovan een terechgeschnebbelt. Die Rüw wördne ütgepörkelt, Ooge, Noos on Mull ringeschneje, en Keerz rin gesatt, op enne Staak gedeut on ferdeg wor de Senter Märtes – Rüwelöch. So ütstaffiert, trokke de Blaage dumols van Hüss tu Hüss on songe dat van Dag noch kaum bekännde Sentermärtesliedje: „Senter Märtes Vögeldje, hääť son root, root Kögeldje, gestowe, geflooge wäll öwer de Rhinn, wo de fette Färkes sin. De Düwkes frääte Körnder, de Köj die häbbe Hörnder. Hier woont wäll enne rikke Mann, dä ons braw wat gäwe kann. Gäw war, haal wat, ander Joor all weer war, loot ons nit so lang hier stoon – wej welle en Hüsske wieergoon". On wenn et neks gow, wördne dä Spootvers aangestemmp: „Dat Hüss, dat steet op enne Penn, dä Gizhals dä sett meddendrin, hä Gizhals, hä Gizhals – hä."

Äwer et koom niz dökk vör, dat et garneks gow. In mät flakkernde Senter Märtes – Rüwelöchte, trokke de Blaage wier, van Döör tu Döör. *Karl-Heinz Winschuh*

28 Vom Niederrhein überliefert

La püster, la püster,
de ganze Welt is düster.
Moder hät den Fritz verhaut
he hät den ganzen Koken klaut.
La püster, la püster,
de ganze Welt is düster.

Wo de Olsch mit de Lüch
de de Lüüd betrüch
on de Eier holt
on se nich betold

Dieses Lied (Leiergesang) wurde früher von den Kindern an den Türen gesungen, wenn der Martinszug vorbei war.

Vom Niederrhein **29**

Vom Niederrhein **30**

31 Martinstag, guten Tag

Aus dem Harz

32

Text und Musik: Ilse Jung

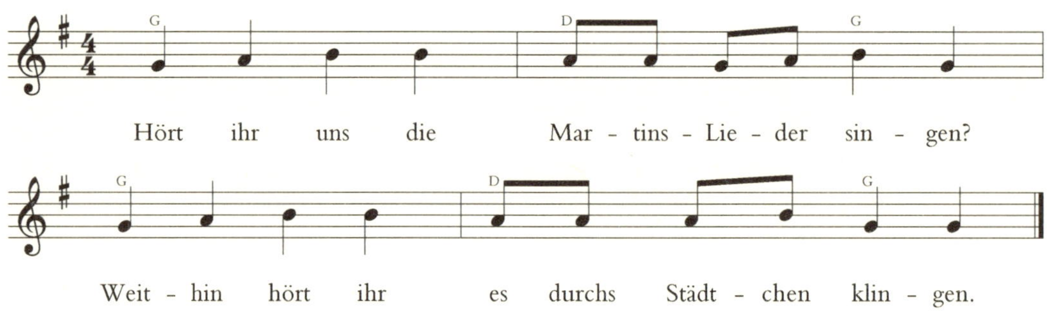

2. Vor den Türen steh'n wir nicht im Dunkeln,
   die Laternen leuchten und sie funkeln.

3. Wenn wir steh'n an Türen und an Toren
   freu'n wir uns auf viele off'ne Ohren!

Dieses Dreitonlied eignet sich gut für Blockflöten-Anfänger und Anfänger in Stabspielgruppen.

33

Aus Barmen

34

Aus der Altmark

Text: Jakob Holl
Musik: Adolf Lohmann

35

1. Lie - be Leu - te, gebt mir was, ich bin brav und flei - ßig!

Sim - mel - sam - mel - rum - di - bas, ihr seid gut, das weiß ich!

2. Printen, Spekulatius, Bonbons in Papierchen,
simmel-sammel-rumdibus, Äpfel ohne Tierchen!

3. Pfefferminz und auch Lakritz, Salmiakpastillen,
simmel-sammel-rumdibitz, soll'n den Husten stillen.

4. Liebe Leute, gebt mir was, denn ich muss noch weiter!
Simmel-sammel-rumdibas, bleibt gesund und heiter!

Kanon aus dem 14. Jahrhundert

36

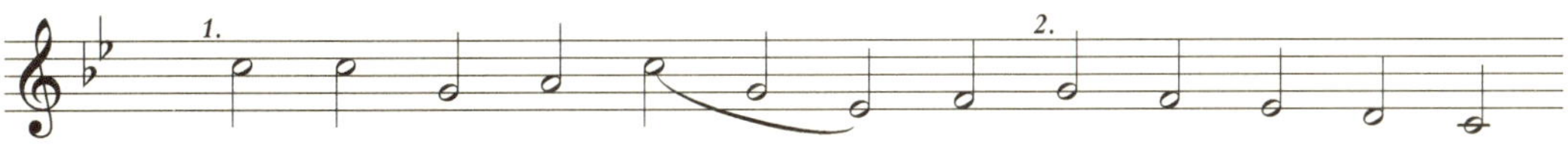

Mar - tin, lie - ber Her - re, nun laßt uns fröh - lich sein,

heut zu dei - nen Eh - ren und durch den Wil - len dein,

die Gäns' sollst du uns meh - ren, und den küh - len Wein,

ge - sot - ten und ge - bra - ten, sie müs - sen all he - rein.

37

Text: Simon Dach (1605-1659)
Musik: Ilse Jung

2. Nun dieweilen das Gickgackslied
diesen heil'gen Mann verriet,
||: dafür tut am Martinstag
man den Gänsen diese Plag, :||
dass ein strenges Todesrecht
geh'n muss über ihr Geschlecht.

3. Drum wir billig halten auch
diesen alten Martinsbrauch,
||: laden fein zu diesem Fest
uns're allerliebsten Gäst' :||
auf die Martinsgänslein ein
bei Musik und kühlem Wein.

38

Text: Hamburg 1639
Musik: Originalverlag Schott's Söhne Mainz

2. Zwo breite Füß und kurzen Schwanz, kurzen Schwanz.
Rundadinellula.
Muss haben uns're Martinsgans, uns're Martinsgans.
||: Rundadinella, rundadinella, rundadinellula, :||
uns're Martinsgans.

3. Sie gackerte mit viel Geschrei, viel Geschrei.
Rundadinellula.
Gick, gack, gick, gack ruft sie dabei, ruft sie dabei.
||: Rundadinella, rundadinella, rundadinellula, :||
ruft sie dabei.

4. Drum rupft und zupfet diese wohl, diese wohl.
Rundadinellula.
Sankt Martin eine haben soll, eine haben soll.
||: Rundadinella, rundadinella, rundadinellula, :||
eine haben soll.

5. Sankt Martin bleibt bei seinem Recht, seinem Recht.
Rundadinellula.
Weh dir, du armes Gans – Geschlecht, armes Gans – Geschlecht.
||: Rundadinella, rundadinella, rundadinellula, :||
armes Gans – Geschlecht.

39

Text: Rolf Krenzer
Musik: Martin Göth

2. Weil jeder von dem großen Amt
und soviel Würde spricht,
sagt Martin einfach kurzerhand:
‚Nein, das verdien ich nicht!'

3. Am Ende hat der Martin sich
im Gänsestall versteckt
und denkt ganz fröhlich vor sich hin:
‚Hier werd' ich nicht entdeckt.'

4. Wie hat er da die Gänse all'
im Gänsestall erschreckt.
Sie schmetterten und schnatterten
und war'n so aufgeregt.

5. Was haben denn die Gänse nur?
Was hat sie so erschreckt?
So hat man schließlich Martin doch
im Gänsestall entdeckt.

6. So wurde unser Martin dann
am Ende Bischof. Doch
die Gänse in dem Gänsestall,
die schnattern immer noch.

Text und Musik: Siegfried Lehmann **40**

2. Sie wissen, wenn November naht,
dann kommt der Tag heran,
da feiert man die Liebestat
von diesem frommen Mann.

3. Für einen Bettler, der ganz arm,
den Mantel er zerschnitt;
so ward dem wieder wohl und warm,
der vorher Kälte litt.

4. Zur Feier sucht die Gans man aus,
die es besonders wert,
dass sie als ein besond'rer Schmaus
den heil'gen Martin ehrt.

5. Die Gänse gakeln: Wer wird's sein?
Für Martin tut's nicht leid.
Dem opfern wir nicht Fleisch allein,
nein, auch das Federkleid.

41

Text: Jakob Holl 1957
Fünftonweise: Adolf Lohmann 1957

2. Hockt ein Bettelmann im Graben,
darf des Reiters Mantel haben.
Weiter trabt das blanke Ross.
Sagt, wer ist der Reiter bloß?

3. Lasst den Mann im Kleid aus Eisen
wieder in den Himmel reisen!
Da gehört er wahrlich hin,
denn er heißt ja Sankt Martin.

Stabspielbegleitung:

42

Text u. Musik: Erasmus Widmann 1611

43

Text: Rolf Krenzer
Musik: Martin Göth

2. ‚Es gibt so viele Leute,
die das Amt begehren.
Ausgerechnet ich soll heute
euer Bischof werden!
Würdig bin ich nicht, o nein!
Ich will nicht der Bischof sein!'

3. Bruder Martin, Bruder Martin,
jeder mag dich leiden!
Bruder Martin, Bruder Martin,
du bist zu bescheiden!
Bruder Martin, du allein,
du sollst unser Bischof sein!

4. Bruder Martin, Bruder Martin!
Keiner kann's verwehren,
dass wir dich zum Bischof wählen,
weil wir dich verehren!
Bischof Martin, lebe hoch!
Bischof Martin, zeig' dich doch!

5. Alle suchen Bischof Martin,
suchen viele Stunden.
Der gewählte Bischof Martin
ist und bleibt verschwunden.
Sagt, wo unser Bischof steckt.
Habt ihr ihn noch nicht entdeckt?

6. Was ist los im Gänsestall?
Nur aufgeregtes Flattern!
Lärm und Krach sind überall,
dazu ein böses Schnattern.
Was hat sie nur so erschreckt?
Wer hat sie so aufgeregt?

7. Seht, da kommt der Bruder Martin
aus dem Stall gekrochen
und er hat von Kopf bis Fuß
nach Gänsestall gerochen.
Weil die Gänse du verschreckt,
haben wir dich hier entdeckt!

8. Guter Martin, Bruder Martin,
du bist zu bescheiden!
Doch es wird uns Bischof Martin
durch die Zeit geleiten.
Drum stimmt alle fröhlich ein:
Martin wird der Bischof sein!

9. Weil die Gänse ihn verraten,
essen viele Leute
zu Sankt Martin Gänsebraten.
So ist es bis heute.
Weil es mancher so sehr mag:
Martinsgans zum Martinstag!

44

Text: Rosemarie Lange-Schlienkamp
Musik: Ilse Jung

2. Stutenkerle mit der Pfeife und Rosinen auf dem Bauch
lohnen das Sankt-Martinssingen, heitern nicht nur Kinder auf.

3. Und der Gans geht's an den Kragen, so ist es zu 'Martin' Brauch.
Erste Weihnachtsplätzchen duften und die Gans im Ofen auch.

4. Aus der Kindheit ich verrate, Niederrhein-Geheimrezept,
auch noch heute, keine Frage, es so gut wie damals schmeckt:

5. Schwarzes Brot mit guter Butter, Spekulatius obenauf,
dann ist's Christkind nicht mehr ferne, du und ich, wir freu'n uns drauf.

Text und Musik: Siegfried Lehmann **45**

2. Feuerschein soll Martin loben,
der so fromm auf Erden war,
und herab vom Himmel droben
leuchten auch die Sterne klar.

3. Martin half bei vielen Leiden
und ist gern zur Not geeilt;
einen Bettler zu bekleiden,
hat den Mantel er geteilt.

Aus einer Schulklasse in Duisburg
(Lehrer Johannes Bickendorf) **46**

2. Wir wollen gerne helfen, dort wo die Armut fällt.
Sankt Martin...

3. Wir tragen uns're Herzen zu dem, der alles hält.
Sankt Martin...

4. Wie erste Strophe

47

Volkstümlich

2. Sankt Martin war ein guter Herr,
lauft, Kinder, lauft.
Er hat die Kinder alle gern,
lauft, Kinder, lauft.
Und die Leuchte...

3. Sankt Martin ist für heut' getan,
lauft, Kinder, lauft.
Drum müssen wir nach Haus jetzt gehn,
lauft, Kinder, lauft.
Und die Leuchte...

48

Überliefert

2. Zint Mäetes wor 'ne joden Här,
looft, Kinder, looft!
Hä hät och all de Kinder jern,
looft, Kinder, looft!
On de Lööch ...

3. Zint Mäetes wolle ihre mir,
looft, Kinder, looft!
Met Leechte on Zint-Mäetes-Füer.
Looft, Kinder, looft!
On de Lööch ...

4. Zint Mäetes es für hück jedonn,
looft, Kinder, looft!
Drom mösse mir no Hus jetz jonn!
Looft, Kinder, looft!
On de Lööch ...

49

Text: Rolf Krenzer
Musik: Martin Göth

2. So ritt er vor vielen Jahren
einst durch die Winternacht
und fand da im Schnee einen Bettler,
||: den die Kälte fast umgebracht :||

3. Da hielt gleich Sankt Martin sein Pferd an,
zog seinen Mantel aus
und teilt' mit dem Schwert seinen Mantel.
||: So wurden zwei Teile daraus :||

4. Er teilt mit dem Bettler den Mantel
und rettet den Armen dann.
Drum zünden wir leuchtende Kerzen
||: in unser'n Laternen an :||

5. So ziehen wir mit der Laterne
hinter Sankt Martin her.
Und jeder denkt, dass er auch gerne
||: grad so wie Sankt Martin wär'. :||

50

Aus: Paul Holstein Liederbuch (Hrsg.)

2. Zündet euer Kerzchen an, denn es ist Sankt Martin!
Lieder tönen himmelan, denn es ist Sankt Martin!
Tralalalala,...

3. Ziehet durch die Gassen hin, denn es ist Sankt Martin!
Froh das Herz und froh der Sinn, denn es ist Sankt Martin!
Talalalala,...

4. Kuchen gibt's nach altem Brauch, denn es ist Sankt Martin!
Äpfel, Nüsse, Mandeln auch, denn es ist Sankt Martin!
Tralalalala,...

51

Text: Barbara Cratzius
Musik: Reinhard Horn

2. Seht ihr die Laternen
mit Sonne, Mond und Sternen?
Wer kauert zitternd dort am Tor?
Ein Bettler streckt die Hand hervor.
Martin, zieh voran!

52 Seht ihr die Laternen (2.Fassung)

Text: Barbara Cratzius
Musik: Paul G. Walter

3. Seht ihr die Laternen
mit Sonne, Mond und Sternen?
Wir leuchten hell das Stadttor an,
dass jedermann es sehen kann.
Martin, zieh voran!
Martin, zieh voran!

4. Seht ihr die Laternen
mit Sonne, Mond und Sternen?
Sankt Martin gab den Mantel gern,
er reicht ihn Christus, unserm Herrn.
Martin, zieh voran!
Martin, zieh voran!

5. Seht ihr die Laternen
mit Sonne, Mond und Sternen?
Du lehrst uns wie man teilt und gibt,
du zeigst, wie man den Nächsten liebt.
Martin, zieh voran!
Martin, zieh voran!

Text u. Musik: Siegfried Lehmann **53**

2. Bin dabei, das freut mich sehr,
und es fällt mir auch nicht schwer.
Lauf' im Takt, so wie wir singen
und will Licht noch weithin bringen.
Bin dabei, das freut mich sehr
und es fällt mir auch nicht schwer.

3. Hell zeigt unser Lichterschein:
Keiner steht in Not allein.
Und sooft wir daran denken,
lasst uns die Laternen schwenken.
Hell zeigt unser Lichterschein:
Keiner steht in Not allein.

Text u. Musik: Felicitas Lingemann **54**

2. Einmal saß halb erfroren ein armer Mann
an der Straße im Schnee, nur mit Lumpen an.
Sankt Martin, Sankt Martin.

3. Du bist nicht wie die and'ren vorbeigeeilt,
nein, du hast deinen Mantel mit ihm geteilt.
Sankt Martin, Sankt Martin.

4. So wie du woll'n auch wir zu den Menschen sein,
wer in Not ist, den lassen wir nicht allein.
Sankt Martin, Sankt Martin.

5. Teilen können wir Haus, Spielzeug, Wasser, Brot,
uns're Freunde und auch Tränen in der Not.
Sankt Martin, Sankt Martin.

55

Text: Liselotte Holzmeister
Musik: Richard Rudolf Klein

2. Wie die Blumen in dem Garten
blüh'n Laternen aller Arten:
Rote, gelbe, ...

3. Und wir gehen lange Strecken
mit Laternen an den Stecken:
Rote, gelbe, ...

Kanon zu 2 Stimmen

Text: Liselotte Holzmeister
Musik: Richard Rudolf Klein

56

Text u. Musik: Irene Behrens

57

2. Sankt Martin zieht durch's Erdenland,
teilt mit dem Armen sein Gewand
und will uns Gleiches lehren.
So zündet Lieb' im Herzen an,
dass sie die Nacht erleuchten kann
dem Heiligen zu Ehren.

3. Dann schreckt uns nicht der Winter mehr,
wir geben gern den Mantel her,
die Brüder zu bewahren.
Wie warm wird nun die dunkle Welt,
wenn sie mit ihrem Licht erhellt
Sankt Martins Kinderscharen.

58

Text u. Musik: Ch. Lucas

2. ||: Hört ihr Leut, schnell herbei,
wenn wir Kinder singen. :||
Singt doch mit uns, das wird fein,
herrlich soll es klingen.
Singen dem Sankt Martin wieder
jedes Jahr die schönsten Lieder.
Hört ihr Leut, schnell herbei,
wenn wir Kinder singen.

59

Text u. Musik: Ilse Jung

2. Du bist so hell wie Sterne,
wie Sonne und auch Mond.
Es soll dich jeder sehen,
der in der Straße wohnt.

3. Der Wind, der lässt dich schweben
ganz leis' und leicht vor mir,
was kann es schön'res geben,
die Füße folgen dir.

4. Du wärmst mit deinem Leuchten
bis wir am Feuer steh'n.
Ich nehm' dich mit nach Hause,
möcht' dich noch lange seh'n.

5. Vielleicht hast du ein wenig
die Herzen froh gemacht,
so, wie Sankt Martins Leben
hat vielen Mut gemacht.

60

Text: Rolf Krenzer
Musik: Martin Göth

2. Mit der Laterne geht sie dann
Sankt Martin hinterdrein
und träumt von einem Martinsmann
mit Augen aus Rosinen dran
So einer müsst' es sein,
so einer müsst' es sein!

3. Zum Schluss gibt's einen Wecken dann
für alle Groß und Klein.
Die Anna will 'nen Martinsmann
mit Augen aus Rosinen dran.
Und sonst soll's gar nichts sein,
und sonst soll's gar nichts sein!

4. ‚Kein Martinsweck! Vielleicht darf's dann
'ne Martinsbrezel sein?'
‚Das ist erst recht kein Martinsmann
mit Augen aus Rosinen dran!'
So hört man Anna schrei'n,
so hört man Anna schrei'n.

5. Ganz traurig geht die Anna heim,
enttäuscht noch obendrein.
Kein frisch geback'ner Martinsmann
mit Augen aus Rosinen dran!
Wie ist das so gemein,
wie ist das so gemein!

6. Besuch ist da! Die Oma schenkt
der Anna ganz allein
'nen frisch geback'nen Martinsmann
mit Augen aus Rosinen dran.
Da kann sich Anna freu'n,
da kann sich Anna freu'n!

61

Quelle: unbekannt

2. Du gabst dem armen Bettler
am Tor den Mantel hin.
Nachts – als beschenkter Bettler –
trat Jesus vor dich hin.
O heiliger Martinus, o heiliger ...

3. Als Bischof voll Erbarmen
sahst du des Volkes Not.
Du teilst dein Gut mit Armen,
mit Hungrigen dein Brot.
O heiliger Martinus, o heiliger ...

4. Sankt Martin, lehr uns denken
wie du – uns allzugleich.
Dann wird der Herr uns lenken
und wachsen wird sein Reich.
O heiliger Martinus, o heiliger ...

62

Text u. Musik: Manfred Pohlig

2. Wenn wir am Abend durch dunk'le Straßen geh'n,
klingen Gitarren, sie klingen wunderschön.
Laternen, ...

3. Wiederholung erste Strophe

Teil 2 Laternenlieder

Meine Laterne heißt Herr Wong.
Sie war ein dicker Luftballon.
Beklebt mit Buntpapier,
getrocknet und verziert.
Mit Augen, Mund und einem Zopf,
fertig ist der Chinesenkopf.

Annika Jung, 1989

63

Text: Heinrich Seidel
Musik: Walter Twellmann

Abends, wenn es dunkel wird
und die Fledermaus schon schwirrt,
zieh'n wir mit Laternen aus
in den Garten hinterm Haus.
Und im Auf- und Niederwallen
lassen wir das Lied erschallen:
Laterne, Laterne, Sonne, Mond und Sterne!

Plötzlich aus dem Wolkentor
kommt der gute Mond hervor,
wandelt seine Himmelsbahn
wie ein Hauptlaternenmann.
Leuchtet bei dem Sterngefunkel
lieblich aus dem blauen Dunkel:
Laterne, Laterne, Sonne, Mond und Sterne!

Ei, nun gehen wir nach Haus,
blasen die Laternen aus,
lassen Mond und Sternelein
leuchten in der Nacht allein
bis die Sonne wird erwachen,
alle Lampen auszumachen:
Laterne, Laterne, Sonne, Mond und Sterne!

64

Text u. Musik: Liselotte Rockel

2. Laternen auf der Wiese,
sie schweben wie im Flug.
Alle uns're Kinder
wandern mit im Zug.
Scheine hell, ...

65

Text: Günter Möller
Musik: Liselotte Rockel

2. Die Großen und die Kleinen, die ganze Kinderschar
ist wieder auf den Beinen, genau wie letztes Jahr.

66 Kanon zu 3 Stimmen

Text: Rudolf Hägni
Musik: Herbert Langhans

Kommt der Mond mit der La - ter - ne, blin-zeln al - le klei - nen,
bis der gu - te al - te Rie - se fern am Rand der Wol-ken‿am

all die klei - nen Ster - ne, hal - ten sich die Äug - lein zu.
Rand der Wol - ken - wie - se lei - se wie - der geht zur Ruh.

Dazu: Stabspiele / Flöten

Dieser Kanon kann auch gekoppelt mit Stabspielen und Flöten musiziert werden.

67

Text u. Musik: Jens Rohwer

La, la, la, meine La - ter - ne brennt ja noch,
ja, ja, ja, brennt ja noch die gan - ze Woch:

Mon - tag und
Diens - tag und
Mitt - woch und
Donnerstag noch und

Frei-tag.

Frei - tag, da ist Lohn - tag,
reicht das Geld bis Mon - tag.
Köfft min Vadder en Licht‿so grot,
as en swatten Zy - linder - hot,

brennt dat god,

geht wi mit‿de La-tern ut,
kömmt am Himmel de Stern rut

geht wi bi de Nacht, der | sind schon lang ge - gan - gen mit
Herr im Him-mel wacht. Wir | ru - dern und mit lan - gen La -

ter - nen mit Ster-nen, mit Lich-tern drin.

o wie bin ich weit ge-lau-fen,
muß bald neu - e Schu-he kau-fen.

Wer schenkt sie mir? Hier, hier!

1, 2, 3, 4,
5, 6, 7, 8,

gu - te Nacht!

Verfasser: unbekannt **68**

2. Und über uns leuchten die Sterne,
ich glaube, der Mond, er lacht.
Vor mir scheint die Laterne
in dieser dunk'len Nacht.
Ja, meine Laterne ...

3. Wir woll'n durch die Straßen marschieren
mit Freude und mit Gesang
und die Laternen leuchten,
da wird uns gar nicht bang.
Ja, meine Laterne ...

69

Text u. Musik: Eduard Döring

2. Alle Leut' es sehen,
   wenn wir Laterne gehen.
   Rotes...

3. Und wir Kinder singen,
   dass alle Straßen klingen.
   Rotes ...

4. Lasst von uns euch sagen:
   Du sollst ein Lichtlein tragen!
   Rotes ...

70

Text: Jakob Holl
Viertonweise: nach Kinderart

2. Kleines Fräulein, kleiner Mann, steck dein helles Kerzchen an!
   Brennt dein Lämpchen irgendwo, werden rings die Leute froh.

3. Kleines Fräulein, kleiner Mann, steck dein helles Kerzchen an!
   Auch dein Auge, dein Gesicht ist in dieser Welt ein Licht.

4. Kleines Fräulein, kleiner Mann, steck dein helles Kerzchen an!
   Lichtlein hier und Lichtlein da: Gottes Lieb ist immer nah.

71

Text u. Musik: Ulrika u. Bernd Mayerholz

2. Drei und vier: Schon steht sie an der Tür
und zieht die warmen Stiefel an,
so schnell wie sie nur kann.
Laternen laufen ...

3. Fünf, sechs, sieben: Wo ist sie nur geblieben?
Sie will nicht länger warten
und rennt schon in den Garten.
Laternen laufen ...

4. Acht, neun, zehn: Jetzt kann sie endlich geh'n.
Und schaust du aus dem Fenster,
kannst du Laternen seh'n.
Laternen laufen ...

72

Text: Margarete Jehn
Musik: Wolfgang Jehn

2. Laterne, Laterne, der Wind weht kalt,
jetzt geh'n wir, jetzt geh'n wir durch einen Wald.
Drei gehen vorne ...

3. Laterne, Laterne, du funkelst schön,
jetzt woll'n wir, jetzt woll'n wir ans Wasser geh'n.
Drei gehen vorne ...

4. Laterne, Laterne, ein Boot liegt da,
jetzt fahr'n wir, jetzt fahr'n wir nach Afrika..
Drei gehen vorne ...

5. Laterne, Laterne, der Mond geht auf
jetzt geh'n wir, jetzt geh'n wir in'n Himmel rauf.
Drei gehen vorne ...

6. Dann geh'n wir um die Ecke und dann nach Haus,
leuchte und leuchte und geh' nicht aus!
Drei gehen vorne ...

Text u. Musik: Ingeborg Rathmann **73**

2. Laterne, Laterne, wir gehen nah und ferne.
Bringen Licht in jedes Haus,
leuchten in die Welt hinaus.
Leuchte, leuchte, du Laterne!

Text u. Musik: Horst Weber **74**

2. Laternchen, Laternchen, lass leuchten dein Licht!
Mond und Sterne ärgern sich nicht.
||: Leuchte wie ein Sternchen, :||
scheine, mein Laternchen!

Volkstümlich aus Holstein

2. Laterne, Laterne, Sonne, Mond und Sterne,
sperrt ihn ein den Wind, sperrt ihn ein den Wind,
er soll warten, bis wir zu Hause sind.

3. Laterne, Laterne, Sonne, Mond und Sterne,
bleibe hell mein Licht, bleibe hell mein Licht,
denn sonst strahlt meine liebe Laterne nicht.

Vor- und Zwischenspiel Blockflöte

Satz: Barbara Regitz

Die Begleitung kann auch zur gesungenen Liedmelodie gespielt werden.
* Hier beginnt die Begleitung nach dem Auftakt!

76

Text: Rolf Krenzer
Musik: Martin Göth

2. Leuchte, mein Laternchen!
Mach die Menschen froh,
denn g'rad wie die Sternchen
brauchen sie dich so,
denn g'rad wie die Sternchen
brauchen sie dich so.

3. Leuchte, mein Laternchen!
Gehst du einmal aus,
zeigen mir die Sternchen
meinen Weg nach Haus,
zeigen mir die Sternchen
meinen Weg nach Haus.

77

Text: Karola Wilke
Musik: Liselotte Rockel

78

Text u. Musik: Hetti Fiehland

79

Text u. Musik: Jens Rohwer

80

Text u. Musik: Klaus Neuhaus

2. Guten Abend, lieber Mond
und ihr vielen Sterne,
seht mal her, ich leuchte auch
hell mit der Laterne.

3. Guten Abend, lieber Mond
und ihr vielen Sterne,
scheint ihr mal nicht hell genug,
helfe ich euch gerne.

81

Text, Musik u. Satz: Horst Weber

2. Ich trag' meine feine Laterne
ganz ruhig vor mir her;
ich hab' sie ja so gerne,
sie wird mir nicht zu schwer.
Laternenlicht ...

Tanzform zu den Liedern 81, 74 und 56

(wahlweise andere Lied - Zusammenstellung)

Anneliese Gaß-Tutt

Aufstellung: Viele Kinder im großen Kreis, ohne Fassung, Blick in Tanzrichtung. Jedes Kind hat seine brennende Laterne in der Hand.
Schrittart: Gehschritt.

Tanzform:
Figur 1: Im Kreis.
Die Kinder gehen paarweise in Tanzrichtung auf der Kreisbahn (siehe Zeichnung 1).
Figur 2: Durch die Mitte.
Paar 1 geht durch die Kreismitte, die anderen folgen (Zeichnung 2).
Figur 3: Trennen.
Paar 1 trennt sich und geht weiter, nun in dieser Form, auf der Kreisbahn (Zeichnung 3).
Figur 4: Doppelkreis im Gegenzug.
Trifft sich Paar 1 wieder, beginnt der Doppelkreis im Gegenzug (Zeichnung 3). Wird der Doppelkreis wiederholt, sind die Kinder, die in Tanzrichtung gehen, innen, die gegen die Tanzrichtung gehen, außen.
Figur 5: Durch die Mitte.
Trifft sich das Paar 1 wieder auf dem Kreis, gehen sie erneut paarweise durch die Mitte (Zeichnung 4).
Figur 6: Zur Reihe hintereinander.
Die Paare werden beim Ankommen auf der Kreisbahn aufgelöst. Die Kinder gehen in der Reihe hintereinander (Zeichnung 5).
Figur 7: Im großen Kreis.
Alle gehen auf der großen Kreisbahn in Tanzrichtung.
Figur 8: Der lange Weg.
Ist der Kreis geschlossen, werden die Kinder auf den langen Weg geführt (Zeichnung 6).
Figur 9: Im großen Schlusskreis.
Danach gehen die Kinder wieder zum großen Kreis zurück, gehen alle auf der Kreisbahn, drehen sich zur Kreismitte und singen das Lied zu Ende.

Hinweise: Es ist gut, wenn ein Erwachsener den großen Laternentanz anführt, da die Figuren einen guten Raumsinn und Übersicht verlangen. Die Größe der Tanzfläche bestimmt die mögliche Teilnehmerzahl. Die Größe der Figuren richtet sich nach der Zahl der Kinder, nicht nach

dem vorhandenen Raum. Die Liedstrophen werden ohne Beachtung der Figuren weiter gesungen.
Der ‚Große Kreis' (Figur 7) kann bei Verkürzung des Tanzes zum Schlusskreis werden. Der Übergang von Teil 5 zu Teil 6 muss besonders geübt werden, ebenso das Gehen im weiten Abstand voneinander.
Vorsicht mit brennendem Licht!
Teilnehmerzahl: 30 - 80 Kinder..

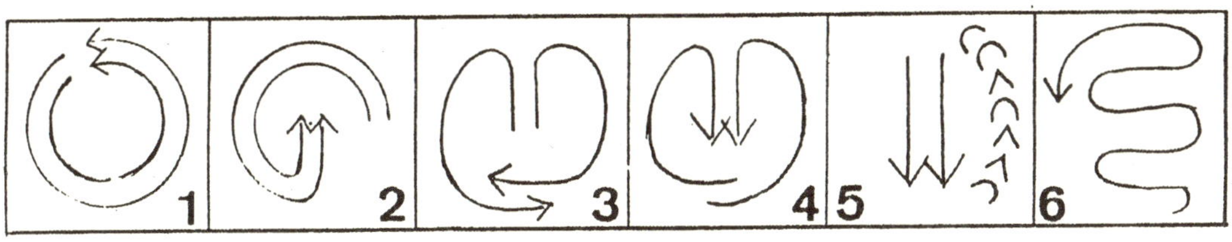

Text: Rolf Krenzer
Musik: Wolfgang Schult

82

2. Sag, hast du auch eine Laterne?
Komm mit in die Nacht hinaus!
Sie leuchtet so weit in die Ferne.
Laternenlicht, lösche nicht aus!

3. So geh' ich mit meiner Laterne
und sing' das Laternenlied.
Und alle, die folgen mir gerne.
So singen wir alle laut mit.

Text: Hans Bodenstedt
Musik: Erich Bender

83

2. Das eine leuchtet wie Äuglein klar,
das ist das Sternlein Goldenhaar,
wenn Kinder früh erwachen,
dann bringt es sie zum Lachen.

3. Das zweite strahlt wie der Sonnenschein,
das ist das Sternlein Schauhinein,
das kann im Herzen lesen,
ob Kinder lieb gewesen.

4. Das dritte ist der Mond so weiß,
das ist das Sternlein Laufeleis,
wenn wir ins Bettchen gehen,
muss es durch's Fenster sehen.

5. Das vierte blitzt wie der Silberquell,
das ist das Sternlein Liebgesell,
das wacht in allen Nächten,
doch niemals bei den Schlechten

6. Das fünfte ist rot wie Feuerglut,
das ist das Sternlein Gutermut,
das gibt den kleinen Kranken
die fröhlichen Gedanken.

7. Das sechste ist wie das Morgenlicht,
das ist das Sternlein Säumenicht,
das jagt am frühen Morgen
zum Haus hinaus die Sorgen.

8. Wo nur das siebte Sternlein blieb?
Das ist das Sternlein Mutterlieb,
das schönste von den Kerzen,
das strahlt in Kindleins Herzen.

Dieses Lied eignet sich gut zum Spiel auf der Altblockflöte

84

Aus Hamburg

Kla - pü - ster, Kla - pü - ster, die gan - ze Welt ist dü - ster

Ham - burg, Lü - beck Bre - men, wir brau - chen uns nicht zu schä - men, wir

gehn mit uns - rer La - ter - ne aus und ma - chen uns ei - nen Spaß da - raus.

85

Nach derselben Musik zu singen: ab Takt 6

Hamburg, Lübeck, Bremen,
die brauchen sich nicht zu schämen,
denn sie sind eine freie Stadt,
wo Bismarck nichts zu sagen hat.

Norddeutsche Laternen-Kehrreime:

Meine Laterne ist hübsch_und_fein drum
geh_ich mit_ihr ganz allein
ganz allein_ist unge - sund.
Meine Laterne_ist kugel - rund.

Lieschen, kiek_mol ut_de Luk,
buten is_dat du - ster,
alle Lam - pen utgepust
mit_den groten Pu - ster.

Text: Heinz Lau
Text ab * Manfred Pohlig
Musik: nach norddeutschen Laternenliedern

86

La - ter - ne, La - ter - ne, ich geh mit mei-ner La - ter - ne.

1. Mei-ne La-ter-ne, die ist so schön, da kann man mit spa - zie - ren - gehn. Wir
2. Mei-ne La-ter-ne, die ist so fein, drum geh ich mit ihr ganz al - lein. Wir
3. Mei-ne La-ter-ne, die ist schon aus, drum geh ich ganz ge-schwind nach Haus. Wir

wan-dern durch Rhein - hau - sen, auch wenn die Win-de brau - sen, viel -
leicht bis As - ter - la - gen, so weit die Füs - se tra - gen, von

Oe - strum ü - ber Berg - heim nach Frie - mers - heim.

Originaltext ab *
von Hamburg bis nach Bremen, da brauchen wir uns nicht zu schämen,
von Ratzeburg bis Mölln und weiter bis nach Köln,
von Lübeck bis nach Altona, wir sind schon da!
Von ...

Aus Holstein

87

Son-ne, Mond und Ster - ne, ich geh mit mei-ner La - ter - ne

mei-ne La-ter-ne ist hübsch und fein, mor-gen soll die Hoch-zeit sein.

Olsch mit de Lückt de de Lüd be-drüggt, de de Ei - er holt un se nich be-told.

88

Text: Düsseldorf um 1855
Musik: Aus dem Hunsrück

2. Nehmt den Kürbis in die Hand,
rasch das Kerzchen angebrannt!
Lustig ...

3. Springen woll'n wir kreuz und quer
über's liebe Kerzchen her.
Lustig ...

4. Allen Kindern nur zum Spaß
wirft auch Sankt Martin was.
Lustig ...

5. Und dann backt nach altem Brauch
uns die Mutter Kuchen auch.
Lustig ...

6. Nach der Freude danken wir
unserm lieben Gott dafür.
Lustig ...

89

Nach der Melodie: *Laßt uns froh und munter sein*

1. Laßt uns heut' ins Dunkle geh'n
und die Laternen leuchten seh'n.
O wie herrlich, o wie schön,
sind die Lichter anzuseh'n.

2. Nehmt die Fackel in die Hand,
schnell die Lichter angebrannt.
O wie herrlich ...

3. Viele Lichter brennen heut'
und es freu'n sich alle Leut'.
O wie herrlich ...

90

Text: Barbara Cratzius
Musik: Paul G. Walter

2. Sieh, mein Mond hat eine Nase,
schau doch mal, mein weißer Schwan!
Immer heller wird die Straße,
Sonne, Stern und Hahn.
Leuchte uns, du liebes Licht!
Du machst hell auch mein Gesicht.

3. Seht, es schimmern die Laternen
in der kalten, schwarzen Nacht.
Und wir haben dunk'le Herzen
hell und froh gemacht.
Trag das Licht aus unserm Haus
in die weite Welt hinaus.

91

Text u. Musik: Ingeborg Rathmann

2. Bunt mit unserer Laterne
leutet's nah und in der Ferne.
Freude bringet unser Licht,
wenn die dunk'le Nacht anbricht.

92

Verfasser: unbekannt

2. Ich trag' das meine leuchtend und bunt.
Du trägst das deine schwebend und rund.
Viele kleine Lichter ziehen durch die Straßen,
wollen all das Dunkel hell werden lassen.
Sonne am Himmel ist nicht mehr da,
aber hier unten leuchtet es ja.

93

Text: Rolf Krenzer
Musik: Siegfried Fietz

2. Wir woll'n zusammen geh'n,
damit uns alle seh'n.
Ihr Leute kommt, ihr Leute schaut,
wir haben sie uns selbst gebaut,
damit uns alle seh'n.
Lasst uns geh'n, lasst uns geh'n!

3. Wir woll'n zusammen geh'n,
damit uns alle seh'n.
Ihr Leute, kommt und zieht doch mit,
singt mit uns das Laternenlied,
damit uns alle seh'n.
Lasst uns geh'n, lasst uns geh'n!

4. Wir woll'n zusammen geh'n,
damit uns alle seh'n.
Oh, seht, wie die Laterne strahlt,
wir haben sie selbst bunt gemalt,
damit uns alle seh'n.
Lasst uns geh'n, lasst uns geh'n!

Text u. Musik: Rolf Zuckowski

2. Kommt wir woll'n Laterne laufen,
heute bleibt das Fernseh'n aus.
Kommt wir woll'n Laterne laufen,
keiner bleibt zu Haus.
Kommt wir woll'n Laterne laufen,
nein, wir fürchten nicht die Nacht.
Kommt wir woll'n Laterne laufen,
das wär' doch gelacht.
Hell wie Mond ...

3. Kommt wir woll'n Laterne laufen,
bis das letzte Licht verglüht.
Kommt wir woll'n Laterne laufen,
singt mit uns das Lied:
Hell wie Mond ...

95

Text u. Musik: Werner Költeritz, Anne Rudolph

96

Text u. Musik: Erwin Grosche

2. Laternenlicht, Laternenlicht,
ich bitte dich, verlass mich nicht.
Wir laufen alle jetzt nach Haus,
dort puste ich dich ganz schnell aus.

97

Verfasser: unbekannt

2. Laterne, Laterne, leuchtet wie die Sterne.
Purzmurzel heißt der erste Wicht,
der geht voran mit der Latücht.

3. Laterne, Laterne, leuchtet wie die Sterne.
Der zweite, der heißt Kiek in Pott,
der wandert wacker mit im Trott.

4. Laterne, Laterne, leuchtet wie die Sterne.
Der dritte heißt Klasklumdibumm,
der dreht sich nach dem vierten um.

5. Laterne, Laterne, leuchtet wie die Sterne.
Der vierte, der ist Lüelütt,
der heißt Hans Jochem Winzelpütt.

Mündlich überliefert **98**

2. Kommt dann der Abend auf die Erde nieder,
singen wir Kinder unsere Lieder,
tragen den Stab mit dem hellen Licht;
ach, lieber Wind, verlösch es nicht!

Verfasser: unbekannt **99**

2. Beim Laterne geh'n
kann man die Farben seh'n.
Rot und gelb und grün und blau.
Beim Laterne geh'n
leuchten die Farben schön.
Und machen bunt, was heute oft so grau.
Meine Laterne
ich hab' dich so gerne.

3. Beim Laterne geh'n
kann man auch Sterne seh'n.
Sie funkeln hell am dunk'len Himmelszelt.
Beim Laterne geh'n
leuchten die Sterne schön.
Ein bisschen Wärme bringen sie der Welt.
Meine bunte Laterne
ich hab' dich so gerne.

100

Text u. Musik: Hans-Jürgen Bareiss

2. Hab' sie gleich nach Haus getragen,
ausgehöhlt und schön beschnitzt.
Augen, Nase, Mund und Kragen
ihr in's Rübenfleisch geschlitzt.

3. Für den kleinen Abendbummel
flecht' aus Stroh ich ihr den Zopf,
stecke einen Kerzenstummel
in den hohlen Rübenkopf.

4. Mit dem Rübengeist in Händen
schleiche ich im Dunkeln fort.
Schauerlicht auf Häuserwänden,
Geisterspuk in unserm Ort!

5. Horch, die Turmuhr schlägt soeben.
Klingt sie heut' nicht schaurig schrill?
Ich will meinen Blick erheben,
da erstarr, ich und steh' still.

6. Oben zwischen Kirchturmspitzen
schwebt ein dicker Kopf und lacht.
Kann ein Kürbisgeist dort sitzen?
Nein, wer hätt' ihn fest gemacht!

7. Grusel spür' ich, Angst und Schrecken,
halt' das Geistern nicht mehr aus.
Ich lauf' heim, mich zu verstecken,
da steht er schon über'm Haus.

8. Grinsend schaut er auf mich nieder
von dort oben, wo er wohnt.
Jetzt erkenne ich ihn wieder,
unser'n guten, alten Mond.

Text u. Musik: Hans-Jürgen Bareiss **101**

2. Schwarz ist der Schimmel,
schwarz sind Katz' und Maus.
Schwarz ist auch der Himmel,
schwarz ist jedes Haus.
Doch meine Laterne ...

3. Schwarz sind die Bäume,
schwarz der ganze Wald.
Schwarz sind auch die Träume,
sie verfliegen bald.
Doch meine Laterne ...

102

Text u. Musik: Erwin Grosche

2. Unser Lichterkranz
und der Sternenglanz
strahlen auf die Welt
von dem Himmelszelt.

3. Laden wir ihn ein,
unser Gast zu sein,
dass er bei uns wohnt
als Laternenmond.

103

Text u. Musik: Frank Stieper

2. Joschi hat ein selbstgebautes Haus,
leider leuchtet keine Kerze raus.
Die winzigste passt nicht hinein,
dieses Haus ist nämlich klitzeklein.

3. Jens' Laterne soll die größte sein,
ein gewaltiges Laternenschwein.
Die Mama trägt sie hinterher,
so allein ist ihm das Schwein zu schwer.

4. Moritz hat an seinem langen Stab
einen Fisch aus Buntpapier gehabt.
Sein Papa ist zum See gerannt,
denn sonst wär' sein Fisch jetzt abgebrannt.

104

Text u. Musik: Klaus W. Hoffmann

2. Laterne, Laterne, dein Mund lächelt stumm,
||: wie eine Banane, so gelb und krumm. :||

3. Laterne, Laterne, dein Näschen ist klein,
||: schaut aus wie ein knallroter Kieselstein. :||

4. Laterne, Laterne, und Augen hast du
||: wie glitzernde Knöpfe, sie funkeln mir zu. :||

5. Laterne, Laterne, die Ohren schau'n aus
||: so wie die Antennen auf unserem Haus. :||

6. Laterne, Laterne, du hast buntes Haar,
||: das leuchtet im Kerzenschein ganz wunderbar. :||

105

Text: Margarete Derlien
Musik: unbekannt

2. Die meine, die ist rot
und deine, die ist blau
und die dahinter bunt
und alle kugelrund.

3. Die eine ist ein Mond,
die and're eine Sonn',
und diese dort ein Stern,
die hab' ich gar zu gern.

4. Wir zieh'n in langen Reih'n,
bei dem Laternenschein
die Straßen hin und her
und freu'n uns alle sehr.

5. Seht unsere Laterne,
sie leuchtet nah und ferne,
und ist das Lichtlein aus,
dann gehen wir nach Haus.

Text u. Musik: Klaus W. Hoffmann **106**

2. Das war ein toller Laternenumzug!
Sankt Martin, er ritt uns voran.
||: Auf schneeweißem Pferd und hat Brezel verteilt,
die nahm jedes Kind dankend an. :||

3. Das war ein toller Laterneumzug!
Der Mond, hoch am Himmel, schaut zu.
||: So leucht' heut' abend uns heim, lieber Mond!
Die schönste Laterne bist du! :||

107

Text u. Musik: Rudi Mika

2. Meine ist recht ungewohnt,
gleicht sie denn nicht dem vollen Mond?
Fensterläden braucht sie nicht,
dafür trägt sie ein Gesicht.
Noch ein Lichtlein mit hinein.
Dies soll meine Laterne sein!

3. Bunte Streifen aus Papier,
meine Laterne wird ein Tier.
Ohren, Nase und ein Mund
und der Kopf ist kugelrund.
Noch ein Lichtlein mit hinein.
Dies soll meine Laterne sein!

4. Die Laterne hab' ich gern,
denn meine ist ein kleiner Stern,
Glitzerschnee mit Gold bemalt.
Schaut nur, wie sie glänzt und strahlt!
Noch ein Lichtlein mit hinein.
Dies soll meine Laterne sein!

5. Wenn wir dann zum Umzug geh'n,
können wir alle Leute seh'n.
Mond und Sterne und das Haus,
alle sehen festlich aus.
Und die Lichtlein brennen fein.
Dies soll'n uns're Laternen sein!

Text: Barbara Cratzius
Musik: Martin Gotthard Schneider

108

2. Ich hab' einen bunten Hahn, Hi- Ha- Hahn.
Zünde deine Kerze an,
dass der Hahn uns leuchten kann.
Hi- Ha- Hahn, Hahn geh' du voran!

3. Ich hab' einen weißen Schwan, Schwi- Schwa- Schwan.
Zünde deine Kerze an,
dass der Schwan uns leuchten kann.
Schwi- Schwa- Schwan, Schwan, führ' du uns an!

4. Ich hab' einen gold'nen Stern, Sti- Sta- Stern.
Zünde deine Kerze an,
dass der Stern uns leuchten kann.
Sti- Sta- Stern, dich seh'n wir so gern.

5. Du, Sonne, bist wunderschön, Son- nen- ball.
Zünde deine Kerze an,
dass die Sonne leuchten kann.
Son- nen- ball über Berg und Tal.

6. Und so zieh'n wir durch die Nacht, Ni- Na- Nacht.
Doch nun blast die Kerzen aus,
Mutter wartet schon zu Haus.
Ni- Na- Nacht, Lichter ausgemacht!

109

Text: Jakob Holl (Strophe 2-6)
Musik: aus Norddeutschland

2. Ich geh'mit meiner ...
||: Der Martinsmann, der zieht voran.
Rabimmel, rabammel, rabumm. :||

3. Ich geh' mit meiner ...
||: Wie schön das klingt, wenn jeder singt.
Rabimmel, rabammel, rabumm. :||

4. Ich geh' mit meiner ...
||: Der Hahn, der kräht, die Katz' miaut.
Rabimmel, rabammel, rabumm. :||

5. Ich geh' mit meiner ...
||: Ein Kuchenduft liegt in der Luft.
Rabimmel, rabammel, rabumm. :||

6. Ich geh' mit meiner ...
||: Beschenkt uns heut', ihr leiben Leut'.
Rabimmel, rabammel, rabumm. :||

7. Ich geh' mit meiner ...
||: Mein Licht ist aus, ich geh' nach Haus.
Rabimmel, rabammel, rabumm. :||

Einfache 2. Stimme zum Singen

Barbara Regitz

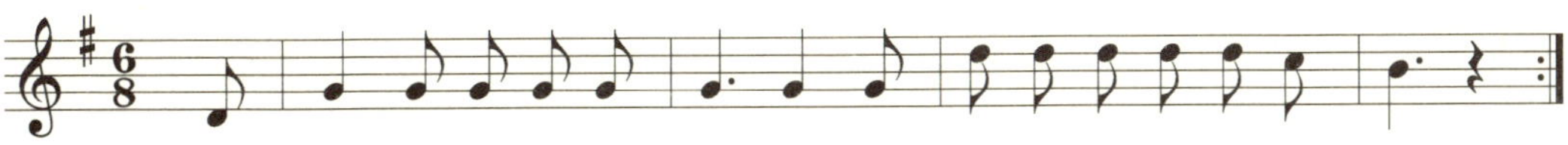

Vorspiel/Begleitung des Refrains: Blockflöte

△ *Triangel* ⊥ *Becken* ○// *Handtrommel/Klanghölzer*

110

Text u. Musik: Gerlinde Wiencirz

2. Mittenhinein, damit sie leuchten kann,
kommt eine Kerze, ich stecke sie an.
Schau, wie sie leuchtet, hell durch die Nacht,
die schönste Laterne habe ich gemacht.

111

Text: Rolf Krenzer
Musik: Ludger Edelkötter

2. Leuchtet die Laterne,
bin ich nicht allein.
Geh' mit ihr so gerne
in die Nacht hinein.
Leuchte Laterne!
Leuchte Laterne!

3. Leuchte nur, Laterne,
denn dein heller Schein
leuchtet in die Ferne
und lädt alle ein.
Leuchte Laterne!
Leuchte Laterne!

4. Leuchte nur, Laterne,
was kann schöner sein?
Zieht mit der Laterne
in die Nacht hinein!
Leuchte Laterne!
Leuchte Laterne!

112

Text u. Musik: Bernd Kohlhepp

2. Feuerzeuge, Taschenlampen
kann man heut' auch mal verschlampen.
All das braucht man heute nicht,
wir haben ja Laternenlicht.
Li- La- Laternenlicht, ...

3. Straßenlampen an den Wegen,
ihr seid heut' ganz ungelegen.
Nur der Mond scheint mit den Sternen
und mit uns'ren Leuchtlaternen.
Li- La- Laternenlicht, ...

4. Wer uns leuchten sehen kann,
schließe sich gleich hinten an.
Unser Zug soll sich verlängern
mit lauter Leuchtlaternensängern.
Li- La- Laternenlicht, ...

113

Text: Fachschule für Sozialpädagogik, Lüneburg
Musik: Tobias Künzel

2. Oft guckt der Mann herunter zu uns Kindern,
denn wir interessier'n ihn wirklich sehr.
Und dann sieht er wie wir Laternen geh'n,
wahrscheinlich freut er sich dann immer mehr.
Wenn es draußen dunkel wird ...

3. Der Mond, die Sonne und die vielen Sterne
sind Freunde ganz genau wie ich und du.
Wir lassen alle Straßen hell erleuchten,
ich freu' mich, denn ich weiß, sie seh'n uns zu.
Wenn es draußen dunkel wird ...

4. Ich würde ihn dort oben gern besuchen,
ihm sagen, dass er mir ganz gut gefällt.
Da das nicht geht, geh' ich für ihn Laterne
wie viele and're Kinder dieser Welt.
Wenn es draußen dunkel wird ...

114

Text: Lore Kleikamp
Musik: Anke Jöcker

2. Wir tragen uns're Laternen
und lachen uns fröhlich an.
Wir tragen uns're Laternen,
weil jeder sich freuen kann.
Der Mond in der Ferne ...

3. Wir tragen uns're Laternen
und sind auch noch gar nicht müd'.
Wir tragen uns're Laternen
und singen von vorn' unser Lied.
Der Mond in der Ferne ...

115

Text: Max Barthel
Musik: Heinz Lemmermann

2. Wir freu'n uns; die Laternen,
sie leuchten uns voran.
Wir blicken nach den Sternen
in ihrer fernen Bahn.
Wir kennen ihre Namen nicht,
wir freuen uns an ihrem Licht,
die Sterne, die Sterne!

3. Uns leuchten die Laternen
die dunk'len Straßen lang.
Wir singen; nach den Sternen
geht fröhlich der Gesang.
Sie bleiben hoch am Himmel steh'n,
wenn wir sie auch am Tag nicht seh'n,
die Sterne, die Sterne!

116

Text: Rosemarie Künzler-Behncke
Musik: Klaus W. Hoffmann

2. ||: Was geistert da ... :||
Durch den dichtesten Verkehr –
die Straßenbahn fährt hinterher –
geht die Schlange auf dem Damm,
selbst der Polizist steht stramm.

3. ||: Was geistert da ... :||
Da klingen helle Kinderstimmen,
da seht ihr tausend Kerzen glimmen,
die spiegeln sich wie Lichtgespenster
in dem großen Kaufhausfenster.

4. ||: Was geistert da ... :||
Straßauf – Straßab im Abenddunkel
zieht das Kerzen – Licht – Gefunkel.
Doch keiner ist ein bisschen bange
vor dieser Funkel – Lichter – Schlange.

5. ||: Was geistert da ... :||
Der Mond erhebt sich über'm Park,
groß und rund und riesenstark.
Und dann ist mit eins – zwei – drei
der Laternenzug vorbei.

117

Verfasser: unbekannt

2. Lange Reihe, Kreis um Kreis,
suchen und verneigen,
nahe bald und wieder fern
schwindet unser Reigen.
Straßen auf und Straßen ab
seliges Gewimmel.
Sind die Lichter ausgebrannt,
lacht der Mond am Himmel.

118

Text: Richard R. Klein
Musik: traditionell

2. Wir tragen in die Nacht hinaus
Laternen bunt und schön.
Dann löschen wir die Kerzen aus
und woll'n nach Hause geh'n.
||: Brenne auf, mein Licht, :||
aber nur meine liebe Laterne nicht!

119

Text: Rolf Krenzer
Musik: Paul G. Walter

2. Wenn wir mit unser'n Laternen geh'n,
will das jeder seh'n, will das jeder seh'n,
und jeder schaut sich voll Freude dann
unsere Laternen an.
Leuchte, Laterne, ...

3. Wenn wir mit unser'n Laternen geh'n,
bleiben alle steh'n, bleiben alle steh'n,
und jeder singt das Laternenlied dann
so gut er kann laut mit.
Leuchte, Laterne, ...

120

Text u. Musik: Klaus W. Hoffmann

2. Heut' feiern wir ein Lichterfest
und tanzen einen Reigen.
Wir wollen uns're selbstgebauten
Tierlaternen zeigen.
Mirko, dein Kater, er leuchtet so schön,
Mirko, du darfst in den Kreis hineingeh'n.
||: Bleib nicht steh'n, ... :||

3. Heut' feiern wir ein Lichterfest
und tanzen einen Reigen.
Wir wollen uns're selbstgebauten
Tierlaternen zeigen.
Anna, dein Löwe, er leuchtet so schön,
Anna, du darfst in den Kreis hineingeh'n.
||: Bleib nicht steh'n, ... :||

4. Heut' feiern wir ein Lichterfest
und tanzen einen Reigen.
Uwe, dein Zebra, es leuchtet so schön,
Uwe, du darfst in den Kreis hineingeh'n.
||: Bleib nicht steh'n, ... :||

121

Text: Rolf Krenzer
Musik: Paul G. Walter

1. Leuchten zwei Lichter,
ja, dann kommst du
gleich mit dem dritten
zu uns dazu.

2. Leuchten drei Lichter,
ja, dann kommst du
gleich mit dem vierten
zu uns dazu.

3. Wenn wir so tanzen,
wenn wir uns dreh'n,
freuen sich alle,
die uns hier seh'n.

4. Gehen wir alle
endlich nach Haus
pusten wir leise
die Kerzen aus.

Tanzvorschlag: Ein Kind geht mit seiner leuchtenden Laterne langsam zu dem Lied herum und dreht sich im Kreis. Ein zweites Kind kommt mit seiner Laterne hinzu. Sie geben sich die Hände, tanzen herum und gehen zu zweit angefasst im Kreis. Von Strophe zu Strophe kommen mehr Kinder hinzu, schließen sich an, bis es ein langer Zug wird. Zum Schlussrefrain gehen alle langsam auseinander und pusten dann, im Kreis stehend, behutsam die Kerzen aus.

Schlußrefrain:

Wiederholung ad Lib.: Wird immer leiser, bis es verhallt.

122

mündlich überliefert

123

mündlich überliefert

überliefert **124**

Tanzform zu den Liedern 122, 123 und 124

(wahlweise andere Lied – Zusammenstellung)

Anneliese Gaß-Tutt

Aufstellung: Kreis (mit etwas weiterem Abstand voneinander als gewöhnlich), ohne Fassung, Blick zur Mitte. Jedes Kind hat seine brennende Laterne in der Hand.
Schrittart: Gehschritt.

Tanzform:
Anfangs-Kreis: Die Kinder singen stehend und schauen sich dabei die vielen leuchtenden Laternen an.
Figur 1: Alle Kinder gehen im großen Kreis (alle in oder alle gegen Tanzrichtung), bis das im Augenblick gesungene Lied zu Ende ist.
Danach stehen alle mit Blick zur Mitte.
Figur 2: Auf Zuruf beginnen 2 Kinder mit ihren Laternen durch die Kreismitte zu gehen. Die anderen folgen den Beiden (siehe Zeichnung 1).
Auf der Gegenseite biegen sie auf die Kreisbahn ab und gehen im grossen Kreis. Die beiden Reihen ziehen aneinander vorbei (zweimal) bis wieder ein Kreis entsteht (Zeichnung 2 + 3).
Schluss-Kreis: Alle singen stehend im Kreis, zeigen ihre Laternen und halten sie dabei hoch.

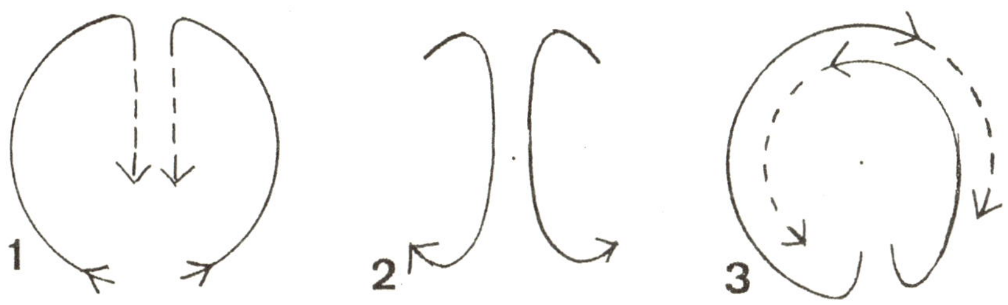

Hinweise: Diese einfache Tanzform ist für Kinder im Vorschulalter schwieriger als sie erscheint; denn, die Kinder tun verschiedene Dinge zu gleicher Zeit (Gehen im ungewohnten Dunkeln, Tragen ihrer Laterne, Schauen und Singen).
Die Figuren können wiederholt werden. Bei jeder Wiederholung von Figur 2 beginnen andere Kinder, denen dann die anderen nachziehen (Spannungsmoment!).
Die Figuren sollten zuvor ohne Laternen geübt werden, ebenso das Gehen im weiten Abstand.
Es ist gut, wenn bei den Figuren 1-3 Erwachsenen die beiden anführenden Kinder begleiten. Gehen Eltern und Kinder im Laternenzug, stehen die Erwachsenen beim ‚Kleinen Laternentanz' hinter ihrem Kind und gehen die Figuren neben ihrem Kind mit.
Zwischen den einzelnen Figuren hat es sich bewährt, wieder ruhig singend und schauend im Kreis mit Blick zur Mitte zu stehen. (Ist das Lied nicht mit der Figur 3 zu Ende, wird es im Stehen bis zum Schluss gesungen.)
Nach dem Schluss-Kreis gehen alle im Laternenzug weiter durch die Straßen oder nach Hause.
Vorsicht mit brennendem Licht!
Teilnehmerzahl: mindestens 20, höchstens 40 Kinder.

125

Text u. Musik: Rudolf Nykrin

2. Blinke, blinke, kleine Laterne,
blinke wie ein heller Stern.
Leute schauen aus dem Fenster,
Sterne haben alle gern.

3. Glänze, glänze, kleine Laterne,
glänze hell in dieser Nacht.
Zwischen großen grauen Häusern
strahlt heut' eine Lichterpracht.

4. Wiege, wiege, kleine Laterne,
wieg dich sanft in dunk'ler Nacht.
Kleines Schiff aus Lichterschein,
sollst mein Weggefährte sein.

126

Text u. Musik: Detlev Jöcker

2. Der Mond grüßt aus der Ferne,
er hält mit uns die Wacht.
Wir halten die Laternen
und gehen durch die Nacht.
Und viele Menschen bleiben steh'n,
sie freuen sich, das Licht zu seh'n.
Wir halten die Laternen
und gehen durch die Nacht.

3. Der Mond und auch die Sterne
die seh'n schon müde aus.
Wir halten die Laternen
und gehen gleich nach Haus.
Wir fürchten nichts auf dieser Welt,
weil unser Licht die Nacht erhellt.
Wir halten die Laternen
und gehen gleich nach Haus.

Alphabetisches Verzeichnis der Liedanfänge

Copyright- und Quellenverzeichnis

Abakus Schallplatten / Ulmtal-Musikverlag, Greifenstein:
Lied Nr. 10, 93, 110 aus *Leuchte, leuchte, Weihnachtsstern*

Aktive Musik Verlagsgesellschaft, Dortmund:
Nr. 107 aus *Wie kommt die Maus in die Posaune*
Nr. 104, 106, 112

Als-Verlag, Dietzenbach:
Nr. 90, 73 aus *Musische Stunde* 107 und 48

Autorenverlag Worpsweder Werkstatt, Wolfgang Jehn, Worpswede:
Nr, 72

Bärenreiter-Verlag, Kassel:
Nr. 21 aus *Neue Advents-und Weihnachtslieder*

Bosse-Verlag, Regensburg:
Nr. 100, 101 aus *Pulsschlag*

Christophorus-Verlag, Freiburg:
Nr. 14, 17. 35, 96, 120, 123 aus *St. Martin – Lieder, Texte, Bilder*
Nr. 70 von Schallplatte ‚St. Martin'

Coppenrath-Verlag, Münster:
Nr. 78 aus *Ich möchte gern ein Löwe sein*
Nr. 103 aus *Laterne, Laterne, Sonne, Mond und Sterne*

Diesterweg-Verlag, Frankfurt:
Nr. 18 (2.und 3. Strophe und Begleitform) aus *Willkommen, lieber Tag*
Nr. 1 (Blockflötenbegleitung) aus *Die kleine Lerche*

Eres-Verlag, Lilienthal-Bremen:
Nr. 70 aus *Es kommt der Star in jedem Jahr*

Eurocord Musikverlag, Stuttgart:
Nr. 50 aus Paul Holstein *Liederbuch*

Ernst Kaufmann-Verlag, Lahr:
Nr. 39, 82 aus *Wir sind die Musikanten*

Fachschule für Sozialpädagogik, Lüneburg:
Nr. 113 (Textrechte)

Fidula-Verlag, Boppard:
Nr. 36, 63, 77, 81 aus *Das Liedernest*
Nr. 1, 4, 5, 9, 12, 13, 14, 15, 16, 17, 25, 46, 55, 66, 69, 74, 87, 95, 99, 100, 101, 102 aus *Martins-und Laternenlieder*

Fidula-Verlag, Boppard:
Nr.56, 74, 81, 122, 123, 124 + Tanzbeschreibungen aus *Tanzkarussel* 1

Herder-Verlag, Freiburg:
Nr. 20, 51 aus *Mit Kindern Heilige feiern*

Impulse-Musikverlag Ludger Edelkötter, Drensteinfurt:
Nr. 12, 111 aus *Wenn die Eisblumen blühen*

Jung, Ilse, Duisburg:
Nr. 32 und 59, Text und Musik – Rechte bei der Autorin
Nr. 5, 6, 37, 44, Musik – Rechte bei der Autorin

Jung, Annika, Duisburg
Text *Meine Laterne heißt Herr Wong*

Klens-Verlag, Düsseldorf:
Nr. 54 aus Zeitschrift *Spatz*

Lange-Schlienkamp, Rosemarie, Duisburg:
Nr. 5 und 44, Text – Rechte bei der Autorin

Lahn-Verlag, Limburg:
Nr. 19, 43, 60, 76, 113, 118 aus *St. Martin* 1997

Menschenkinder Musikverlag Detlev Jöcker, Münster:
Nr. 53 aus *Elefantis Liederwiese*
Nr. 22 aus *Lieber Herbst, lieber Winter*
Nr. 114, 125

Mertens, Hendrik, Duisburg,
Nr. 7 (Text-Rechte beim Autor)

Moderato Musikproduktion GmbH / Georg Glück Musik GmbH, Berlin:
Nr. 113 aus *Kolibri*, Liederbuch f. d. Grundschule / Schroedel Verlag

Oldenbourg-Verlag, München:
Nr. 75, 109, Begleitsätze aus *Advent und Weihnachten*, Pögel Praxis 154

Otto Maier Verlag, Ravensburg:
Nr. 64, 65, 71, 80, 96 aus *Heute ist Laternenfest*
Nr. 102, 108 aus *Laterne, Laterne*
Nr. 110 aus *Leuchte auf, mein Licht*

Patmos-Verlag, Düsseldorf:
Nr. 116, 120 aus *Drachenflug und Lichterspiel*
Nr. 95 aus *Ich bin der starke Löwe*

Peter Janssens Musikverlag, Telgte:
Nr. 16 aus *Kommt alle und seid froh* (um 2 Strophen gekürzte Fassung)

Pohlig, Manfred, Duisburg:
Nr. 86 *Text Refrain*, Rechte beim Autor
Nr. 62 *Text und Musik* – Rechte beim Autor

Schott Musik International, Mainz:
Nr. 8, 29, 30, 33, 38, 88 aus Drahts *St. Martinslieder*
Nr. 24, 57 aus Kellermann *Das Buch der Kinderlieder*
Nr. 9 aus Orff / Keetmann *Musik für Kinder II*
Nr. 118 aus *Musik und Tanz für Kinder 2*/ Rechte beim Autor
Nr. 125 aus *Musik und Tanz für Kinder 1*

Sikorski-Verlag, Hamburg:
Nr. 94
Nr. 83 aus Bender *Neue Lieder für große und kleine Leute*

Schroedel Schulbuchverlag, Hannover:
Nr. 113 aus *Kolibri*, Liederbuch für die Grundschule

Tvd – Verlag, Düsseldorf;
Nr. 15

Vehling-Verlag, Werl:
Nr. 26 aus Heuer *Mit Spiel und Spaß durchs Jahr*

Winschuh, Karl-Heinz, Duisburg:
Text *Sänte Märtes Rüwelöch*, Rechte beim Autor

Mein besonderer Dank gilt Manfred für sein Verständnis und seine Unterstützung, Herrn Dompropst Bernard Henrichs für das Vorwort des Buches und Pater Martin Carsten Kämpf für seine Arbeit über Leben und Legenden des heiligen Martin.

Desweiteren danke ich Melanie und Annika, Ursula Chavales, Barbara Anger, Margit und Sarah Nühlen, Inge Chiaradia, Heike Jung, Marianne Klüh, Anne Blankenmeier, Eva Schreiber, Rosemarie Lange-Schlienkamp, Manfred Pohlig, Karl-Heinz Winschuh, Hendrik Mertens, dem Katholischen Kindergarten St. Lucia, Duisburg-Baerl, dem Evangelischen Kindergarten Duisburg-Baerl, durch die ich einige Lieder und Texte erhielt, sowie den Kindern der 'musikstunde' Baerl und der Gemeinschaftsgrundschule Duisburg-Rheinhausen, Van Gogh-Straße, Klasse 2c (1997), die die schönen Bilder gemalt haben.

Für technische Unterstützung danke ich Andreas Woisch und für die gute Zusammenarbeit bei der Fertigstellung des Buches Herrn Prof. Klaus Detjen.

Mein besonderer Dank gilt Frau Anne Simon, die sich als Lektorin des Verlages für das Buch eingesetzt hat und mir in allen Fragen hilfreich zur Seite stand.

Ilse Jung